四川省委党校精品文库

经济新常态下
长江经济带产业转型升级研究

JINGJI XINCHANGTAI XIA
CHANGJIANG JINGJIDAI CHANYE ZHUANXING SHENGJI YANJIU

郭险峰 著

西南财经大学出版社
Southwestern University of Finance & Economics Press
中国 · 成都

图书在版编目(CIP)数据

经济新常态下长江经济带产业转型升级研究/郭险峰著. —成都:西南财经大学出版社,2018.7

ISBN 978 – 7 – 5504 – 3486 – 8

Ⅰ.①经…　Ⅱ.①郭…　Ⅲ.①长江经济带—产业结构升级—研究

Ⅳ.①F127.5

中国版本图书馆 CIP 数据核字(2018)第 103742 号

经济新常态下长江经济带产业转型升级研究

郭险峰　著

责任编辑:高小田

责任校对:李燕子

封面设计:何东琳设计工作室

责任印制:朱曼丽

出版发行	西南财经大学出版社(四川省成都市光华村街55号)
网　　址	http://www.bookcj.com
电子邮件	bookcj@ foxmail.com
邮政编码	610074
电　　话	028 – 87353785　87352368
照　　排	四川胜翔数码印务设计有限公司
印　　刷	四川新财印务有限公司
成品尺寸	170mm × 240mm
印　　张	11.25
字　　数	197 千字
版　　次	2018 年 7 月第 1 版
印　　次	2018 年 7 月第 1 次印刷
书　　号	ISBN 978 – 7 – 5504 – 3486 – 8
定　　价	78.00 元

前　言

自 2014 年以来，我国经济进入了一个新的发展时期，经济发展呈现出以下特征：增长速度逐渐中速化，经济下行压力增大；经济发展风险凸显；经济发展动力转换；经济结构正从增量扩能为主转向调整存量与做优增量并存的深度调整，等等。习总书记将这种经济发展态势称为经济增长新常态。在经济新常态下，谋划区域发展"新棋局"，培育区域经济增长新动力就是必然之义。为此，国家开始统筹实施"四大板块"和"三个支撑带"的区域战略组合。这些国家战略组合涵盖点、线、面，包括陆地与海洋，着力推动区域经济规划突破行政区划乃至国界限制，跨市、跨省乃至跨国整合生产要素，以期拓展我国经济活动空间，重塑国内外经济地理。

在这些战略组合中，发展长江经济带，更是中国经济新常态的客观要求与必然选择，具有非常重要的战略意义。纵观历史发展和综观区域发展，我们发现，流域经济的发展是一个地区经济发展的发源地和"领头羊"，流域经济区已成为各国重要的产业集聚带和城市密集带，其发展状况会影响区域整体经济的发展质量。长江经济带是我国国土开发和经济布局"T"字形空间结构战略中一条重要的一级发展轴，与沿海经济带构成了我国经济发展的黄金走廊。

国家对长江经济带发展寄予了厚望，并从顶层设计上对长江经济带发展进行了全面布局。2013 年 7 月，习近平总书记在湖北考察时提出长江流域一定要努力发挥好内河航运作用，紧密合作，积极把长江全流域建设成为黄金水道。2014 年中央政府工作报告将"建设长江经济带"列入施政规划，它预示着中国依托长江，将在更大的空间视野下促进资源的流动和配置，激发活力，调动潜力，打造"大而活"的统一市场，提高基础投资的规模效应、产业衔接的雁阵效应、要素结构的互补效应、功能布局的协同效应，以及新型城镇化的集聚效应①。2014 年 4 月 25 日，习近平总书记主持召开中央政治局会议，提出了长江经济带全面改革开放和加快发展的问题。同年 9 月，国务院就出台了"依托黄金水道推动长江经济带发展的指导意见"。2015 年 2 月 7 日，张高丽副总理主持召开长江经济带发展会议，进一步部署和落实长江经济带建设和发展的有关事宜。2016 年 3 月 2 日，国家发改委等三部委联合印发《长江经济带创新驱动产业转型升级方案》（以下简称《方案》），提出在 5 大重点产业领域和 10 大发展潜力较强、市场前景广阔的新兴产业领域培育世界级产业集群。2016 年年初，习总书记提出"推动长江经济带发展，必须贯彻'创新、协调、绿色、开放、共享'五大发展理念，坚持生态优先、绿色发展的战略定位，把长江经济带建设成为我国生态文明建设的先行示范带、创新驱动带、协调发展带"。2016 年 9 月，《长江经济带发展规划纲要》正式印发，从规划背景、总体要求、大力保护长江生态环境、加快构建综合立体交通走廊、创新驱动产业转型升级、积极推进新型城镇化、努力构建全方位开放新格局、创新区域协调发展体制机制、保障措施等方面描绘了长江经济带发展的宏伟蓝图。2017 年 10 月，党的十九大报告提出了"以共抓大保护、不搞大开发为导向推动长江经济带发展"。习近平总书记在 2017 年年底中央经济工作会议上强调，推进长江经济带发展要以生态优先、绿色发展为引领，在整治长江生态环境、保护长江岸线、建设黄金水道、推动沿江三大城市群错位发展等方面取得进展。因此，把保护和修复长江生态环境摆在压倒性位置，全面推进水污染防治、水生态修复、水资源保护是党中央对长江经济带发展的明确思路。

---

① 鞠立新. 略论长江经济带的崛起与跨区域协调机制创新［J］. 上海商学院学报，2015（1）：24-32.

中央层面的这些作为表明，加快建设长江经济带，是继"长三角""珠三角"之后中国经济持续发展的又一重要引擎。

在长江经济带发展战略下，其带域内的产业新发展也就提上了日程。产业是区域经济发展的载体和内容，产业发展的质量，关系着区域经济发展质量；产业结构的状况，表明了区域经济发展所处的阶段；产业类型的选择和布局，关系着区域环境建设状态。而产业的发展过程，就是一个转型升级优化的过程。转型升级是经济发展的应有之义，是问题倒逼和矛盾冲突的必然结果，是长江经济带"时空共振"下的必然选择。从时间演化角度分析，产业发展全球化和国际化的阶段性规律决定了长江经济带产业转型升级的必然性；从空间演变角度来看，区域空间结构演化规律决定了长江经济带空间结构优化和转型的必要性；从党中央发展思路和政策来看，生态优先的发展策略决定了长江经济带产业转型升级的必要性。因此，产业转型升级是长江经济带"时空共振"和战略定位下的必然指向和必须作为。长江经济带内产业的梯度转移、转型和升级，将是中国未来长期的经济增长极点，有助于扩宽经济增长空间，产生新的生产力。

基于此，长江经济带产业转型升级和产业结构优化，就具有重要的理论和现实意义。长江经济带产业转型升级，将关系到我国区域经济发展空间的拓展，将有力支撑长江经济带新一轮的发展。因此，如何推动长江经济带产业转型升级，改革产业运作和布局方式，推进产业在长江经济带内的转移和承接，推动长江经济带产业迈向中高端，提升产业核心竞争力和产业发展质量，做到"去产能""提质量""增效率"，优化长江经济带域内各省市的产业结构，打造长江经济带沿线新生态新景观，就成为长江经济带内"十三五"时期经济社会发展面临的重大任务。而研究长江经济带内的产业转型升级的现状、动力机制、约束因素、模式和路径，并提出相应的政策建议，以促进长江经济带的进一步发展，就是本研究的初衷。

　　本书的研究视角兼具宏观性和微观性，从系统论的角度出发，结合当前的经济现实背景来考察长江经济带的整体产业转型升级和发展，为未来长江经济带产业转型升级和发展的持续推进和深入提供了一定的理论依据和政策建议。

目 录

1 长江经济带发展历史、现状和核心问题

1.1 长江经济带历史沿革

1.1.1 长江经济带概念演进

长江经济带概念，从构想到正式成为一个国家战略，用了将近 30 年的时间。"长江经济带"概念的提出，最早可以追溯至 20 世纪 80 年代，由中国生产力经济学会于 1985 年率先提出。当时用的是"长江产业密集带"，就是通过长江流域内若干特大城市的辐射、吸聚和带动作用，引领特大城市周边的其他城市和农村地区的发展，从而形成一个广阔的整体经济性区域。自此以后，国家对长江经济带的定位和区域界定不断深化。长江经济带的概念也由"长江产业带""长江产业密集带""长江流域经济区""长江流域经济协作区""长江经济区""长江经济带"等不断演进发展，各种概念下的范围界定也在不断变化，如表 1.1 所示。

表 1.1 　　　长江经济带不同时期的概念和区域界定

序号	名称	时间	区域范围	区域面积	代表人物
1	长江沿岸产业带	1984	仅包括长江干流沿岸地区，构成"T"字形结构的东西向轴带，具体范围模糊	不定	陆大道
2	长江流域产业密集带	1985	以长江流域若干超级城市和特大城市为中心，通过辐射、联结各自腹地的大中小型城市和农村组成的经济区	模糊	郭振淮等

表1.1(续)

序号	名称	时间	区域范围	区域面积	代表人物
3	长江沿岸开发轴线	1987	长江口到四川渡口,全长约3 000千米,南北宽约为50千米	模糊	陆大道
4	长江沿岸经济区	1992	沪苏浙皖赣鄂湘川黔滇	205.5 万平方千米	国家计委
5	长江流域经济区	1993	沪苏浙皖赣鄂湘川黔滇青藏	180 余万平方千米	陈国阶
6	东中经济区	1994	沪苏浙皖赣鄂湘为第一成员,豫、陕南、川东南为第二成员	模糊	胡序威
7	长江地区	1995	长江三角洲 14 个市、沿江23 个市、4 个地区	30 余万平方千米	徐国第
8	长江产业带	1997	沪苏浙皖赣鄂湘川	143.3 万平方千米	虞孝感
9	长江经济带	1999	沪苏浙皖赣鄂湘渝川	约 150 万平方千米	陆炳炎
10	长江流域经济协作区	2001	以长江干流的辐射效应为依据,范围变动。以沿长江中下游辐射的范围为长度,以垂直于长江的辐射范围为宽度形成的区域	有机变动	厉以宁
11	长江经济带	2013	沪苏浙皖赣鄂湘川渝黔滇	205.5 万平方千米	国家发改委

1.1.2 长江经济带发展战略历史沿革

长江经济带的发展战略,也经历了一个不断深化更迭的过程。这个过程,可以分为三个阶段。一是起始阶段。这个阶段以1992年党的十四大对长江沿线设定开发战略为标志。1992年十四大对长江沿岸城市,特别是长江下游的上海设定了开发战略,提出"以上海浦东开发为龙头,进一步开放长江沿岸城市,尽快把上海建成国际经济、金融、贸易中心城市之一,带动长江三角洲和整个长江流域地区经济的新飞跃";1995年党的十四届五中全会更是提出要"建设以上海为龙头的长江三角洲及沿江地区经济带"。以此为起点,长江经济带的建设拉开了序幕,并蓬勃发展。长江下游的上海经济飞升,中游的城市群如武汉都市圈和上游的成渝城市群也开始孕育和发展，使得长江沿线城市一体化程度不断加深。

第二个阶段是沿线带域经济发展战略纷呈阶段。进入 21 世纪后，长江沿线各区域对长江黄金水道对区域经济发展的带动作用认识更加深化，更加清晰化。以此为基础，长江沿线各区域和省市分别提出了各自的发展战略：长江上游地区提出了"成渝经济区"发展战略；长江中游地区提出了"两圈一带"发展战略；长江下游地区提出了"长三角"发展战略等。这些发展战略的适时提出和深入实施，使长江带域内的整体经济得到了飞速发展。

目前，长江下游地区已经形成了以上海为中心的长三角城市群，周边城市跟上海紧密联动，并通过打造完善的交通网络设施，形成了城市群内"2 小时经济圈"，也使长三角地区成为中国经济总量规模最大、经济发展速度最快、经济发展潜力最强的区域，并将建成为世界级城市群。2016 年长三角地区 16 个城市的生产总值突破 12 万亿元，达到 12.3 万亿，长三角经济总量占全国的比重为 16.5%；三次产业结构不断优化，早已形成"三二一"的结构态势；2016 年第三产业增加值占长三角生产总值比重达到 55.6%，比 2015 年提升 1.8 个百分点，占比高于全国第三产业平均水平 4.0 个百分点①。2015 年长三角地区 16 个城市城镇居民人均可支配收入就突破 4 万元，达到了 43 629 元；农村居民人均可支配收入突破 2 万元，达到了 22 504 元。长三角城乡居民收入之比为 1.94：1，明显低于全国 2.8：1 的平均水平②。

长江中游城市群的形成初发于 2002 年，当年湖北首次推出"1+8 武汉城市圈"战略。以此为契机和发展动机，以长江为纽带，长江中游城市群得到快速发展，目前已经形成了包括湖北的武汉都市圈（1+8）、襄荆宜城市群和湖南的长株潭城市群（3+5）和江西的环鄱阳湖经济圈（1+8）的三大经济圈。为了跟"长三角"相呼应，长江中游城市群于 2012 年提出了"中三角"概念，并通过区际交通网络的打造和完善，构建城市群"3 小时经济圈"，区域内城市之间的联系逐渐密切。2016 年长江中游城市群经济总量为 7.12 万亿元，仅次于长三角、京津冀和珠三角。长三角、珠三角和京津冀这三大区域，在只占国土面积 4% 的地域内生产出了全国 GDP 总量的三分之一，被称为中国

---

① 嘉兴市统计局. 2016 年长三角核心区经济总量突破 12 万亿元 ［EB/OL］. http：//www. jiaxing. gov. cn.

② 嘉兴市统计局. 2015 年长三角地区经济发展情况简析 ［EB/OL］. http：//www. jiaxing. gov. cn.

经济的"前三极"，长江中游地区也就顺理成章地成为中国经济"第四极"。

长江上游的成渝经济区更是展现出了超常的发展速度。自 2007 年成渝经济区正式成立开始，成渝两地一直在谋求共同发展。近几年成都和重庆两座城市，已经迈入了地区生产总值万亿级行列。2015 年，重庆地区生产总值增速拔得头筹，在全国平均增速 6.9％的情况下，取得了 11％的增速。2016 年重庆继续延续高的增长速度，在全国 6.7％的平均增速下，取得了 10.7％的最高增速，成绩亮眼；2017 年重庆地区生产总值总量站在了 2 万亿的门口，超过天津①；四川地区生产总值总量则在"十二五"期间迈过 2 万亿台阶，迈上了 3 万亿台阶。2017 年四川地区生产总值总量达到 3.6 万亿，地区生产总值增速 8.1％，高于全国平均水平 1.2 个百分点②，继续保持稳中向好的发展态势。

第三个阶段是长江经济带正式上升为国家区域发展战略阶段。随着中国经济进入新常态，国际国内形势都发生了较大变化，国家开始谋求区域发展新格局，提出了建设长江经济带的重大区域发展战略。2013 年 7 月 21 日，习近平总书记考察湖北时提出，长江流域要加强合作，发挥内河航运作用，把全流域打造成黄金水道。2013 年 12 月，国家发展与改革委员会正式将"长江经济带"范围确定为上海、江苏、浙江、安徽、江西、湖北、湖南、重庆、四川、云南和贵州 9 省 2 市。2014 年中央政府工作报告将"建设长江经济带"列入施政规划，提出"依托黄金水道，建设长江经济带"③。2014 年 4 月 25 日，习近平总书记主持召开中央政治局会议，提出了长江经济带全面改革开放和加快发展的问题。时隔 3 天，李克强总理即在重庆召集了长江经济带九省二市负责人座谈会，商讨长江经济带发展问题。李克强在座谈会上提出了要"让长三角、长江中游城市群和成渝经济区三个板块产业和基础设施连接起来、要素流动起来、市场统一起来，形成直接带动超过五分之一国土、约 6 亿人的强大发展新动力"。2014 年 5 月 24 日习近平总书记在考察上海时，明确提出丝绸之路经济带与长江经济带的"两带"国家战略。至此，"长江经济带"建设再次上升为国家战略。2014 年 9 月 12 日国务院出台了《关于依托黄金水道推动长

经济新常态下长江经济带产业转型升级研究

---

① 张赛男. 中国经济十强城市：上海广州站上新台阶 天津或跌出前五 [EB/OL]. https：//weibo. com.

② 朱雪黎，等. 2017 年四川实现 GDP 突破 3.6 万亿元 同比增长 8.1％ [EB/OL]. http：//sc. sina. com. cn/news. 2018-01-19.

③ 鞠立新. 略论长江经济带的崛起与跨区域协调机制创新 [J]. 上海商学院学报，2015（1）：24-32.

江经济带发展的指导意见》，明确提出长江经济带建设应打破行政区划界限和壁垒，加强规划统筹和衔接，形成市场体系统一开放、基础设施共建共享、生态环境联防联治、流域管理统筹协调的区域协调发展新机制，进一步推动了长江经济带的发展。2015 年 2 月 7 日，张高丽副总理主持召开长江经济带发展会议，进一步部署和落实长江经济带建设和发展的有关事宜。2016 年 1 月 5 日，习近平在重庆召开的推动长江经济带发展座谈会上表示，当前和今后相当长一个时期，"要把修复长江生态环境摆在压倒性位置，共抓大保护，不搞大开发"。把推动新型城镇化作为重要抓手，加强与"一带一路"倡议衔接互动，培育长江经济带全方位对外开放新优势。2016 年 3 月 25 日，中共中央政治局召开会议审议通过《长江经济带发展规划纲要》。在纲要中，明确指出长江经济带发展的战略定位必须坚持生态优先、绿色发展，共抓大保护，不搞大开发。要贯彻落实供给侧结构性改革决策部署，在改革创新和发展新动能上做"加法"，在淘汰落后过剩产能上做"减法"，走出一条绿色低碳循环发展的道路。

与 20 世纪 80 年代的"长江产业密集带"建设相比，此次"长江经济带"建设更加注重城乡一体化、吸引外资、扩大内需、江海联运和东中西三大区域联动，更加注重拓展我国国际合作空间，对"中国梦"的实现具有重要意义。中国将以长江为依托，在更大的空间视野内进行资源的配置，促进资源的流动，更大程度激发经济发展活力和发展潜力，在更大的空间范围内构建统一的市场，使新型城镇化的集聚效应、要素结构的互补效应、产业衔接的规模效应、基础投资的规模效应和产业布局的协同效应得到更大的发挥。

1.2 长江经济带范围界定和发展概况

1.2.1 长江经济带范围界定

长江经济带是依托长江而设立的贯穿东中西部的一条经济带域。全长 6 300 多千米的长江，流经 11 个省市，奔腾不息，浩浩荡荡，是中华民族的母亲河之一，是我国第一大河，世界第三大河。长江的货运量全球第一，约相当于美国密西西比河货运量的 4 倍、欧洲内河货运量的 10 倍。长江干线航道长 2 838 千米，整个流域拥有内河航道近 9 万千米。

以长江为依托和纽带，长江经济带应运而生。但长江经济带不等同于作为

自然单元的长江流域,而是一个兼具经济、社会、人文、自然的综合体,是具有整体性、协作性和经济联动性的经济聚集带。按照长江经济带规划,其覆盖了长江上中下游的上海、江苏、浙江、安徽、江西、湖北、湖南、重庆、四川、云南、贵州9省2市,沿线有40个地市,横贯了我国东中西部,总面积约有205万平方千米,人口和生产总值均超过全国的40%。

国家将长江经济带建设上升为国家战略,是希望长江经济带完成一定的任务,即提升长江黄金水道功能,建设综合立体交通走廊,创新驱动促进产业转型升级,全面推进新型城镇化,培育全方位对外开放新优势,建设绿色生态廊道,创新区域协调发展体制机制。在此任务下,国家赋予了长江经济带四个战略定位:一是具有全球影响力的内河经济带;二是东中西互动合作的协调发展带;三是沿海沿江沿边全面推进的对内对外开放带;四是生态文明建设的先行示范带①。

1.2.2 长江经济带发展概况

1.2.2.1 长江经济带经济总体概况

如前所述,长江经济带包括长江流域上中下游的11个省市,这11个省市处在经济发展的不同阶段。长江下游的上海、江苏和浙江人均GDP已经在10 000美元以上,处于创新驱动阶段。其经济发展水平在长江经济带甚至全国范围内都处于领先水平,属于工业化后期阶段;贵州和云南人均GDP却在5 000美元以下,处于要素驱动和工业化初期阶段,工业化水平还比较低;其他六省市人均GDP在5 000~10 000美元之间,处于效率驱动和工业化中期阶段。总体来看,长江经济带具有良好的农业和工业发展基础。长江经济带11省市的粮棉油产量在全国占比为40%以上,具有大农业的基础地位,农业在全国也居于首位;从工业来看,长江经济带汇聚了我国钢铁、汽车、电子、石化等现代工业的大部分精华。另外,良好的经济发展基础与优越的开放条件,也使长江经济带内的金融、信息、电商、物流、创意、设计、文化、旅游等现代服务业的发展规模与水平在全国占有优势地位。

---

① 沈佑荣. 长江经济带要建成具有全球影响力内河经济带［N］. 长江商报,2014-10-26.

表 1.2　　　　　　　　　　长江经济带概况（2014）

指标	总量	占全国比重（%）	指标	总量	占全国比重（%）
土地面积/万平方千米	205.3	21.31	工业企业利润/万亿元	2.49	39.61
总人口/亿人	5.82	42.74	城镇单位就业人员/亿人	0.74	41.02
城镇人口/亿人	3.08	42.17	全社会固定资产投资/万亿元	17.95	40.23
国内生产总值/万亿元	25.95	45.62	地方财政公共收入/万亿元	2.97	43.02
规模以上工业企业个数/个	162 751	47.34	城镇居民人均可支配收入/元	27 600	
人均国内生产总值/万亿元	44 623		农民人均纯收入/元	9 089	

数据来源：2014 年统计年鉴。

表 1.3　　　　　　　　　地区生产总值增长率　　　　　　单位:%

地区	1952—2013	1978—2013	1978—2000	2000—2013
上海	9.48	10.01	9.63	10.66
江苏	9.28	12.44	12.39	12.53
浙江	9.58	12.56	13.19	11.50
安徽	7.65	10.83	10.16	11.96
江西	7.77	10.40	9.4	12.12
湖北	8.48	10.78	10.09	11.96
湖南	7.97	9.95	8.79	11.94
重庆	8.34	11.10	9.69	13.52
四川	8.22	10.49	9.35	12.45
贵州	7.94	10.07	8.99	11.92
云南	8.38	10.15	9.68	10.94
长江经济带	8.65	11.04	10.52	11.94
全国	8.16	9.77	9.67	9.96

　　自中华人民共和国成立以来，长江经济带取得了长足发展。计算结果显示，中华人民共和国成立六十多年来，长江经济带地区生产总值年均增长率为

8.65%，累积增长了约156倍，高于全国增速。在长江经济带11个省市中，浙江省经济增长速度最快，年均增长率为9.58%，累积增长了263倍多；安徽省增速最慢，年均增长率为7.65%，累积增长了约88倍。而改革开放以来，得益于改革开放政策，沿海省市发展速度最快。浙江省累积增长了约62倍，年均增长率约为12.56%，经济增长速度最快。但随着西部大开发政策的渐次推进，长江中上游地区也得到了快速发展。2000年以来，西部的重庆、四川等省市飞速发展，其发展速度甚至超过了长江下游的上海市和浙江省，尤其是重庆市，经济增长速度最快，2015年地区生产总值增速为11%，累积增长了约4.2倍，年均增长率约为13.5%。但上海市的发展速度则明显放缓，累积增长了约2.7倍，年均增长率约为10.7%。这说明国家的西部大开发政策是有明显实效的，促进了西部地区的快速发展，缩小了长江上中下游地区的相对差距，战略和政策措施效果明显。

改革开放以来，长江经济带产业结构也不断优化，产业层次有了较大幅度的提升。2016年，长江经济带三次产业结构为8.10∶42.88∶49.02，实现了"三二一"型的产业结构转变①，三次产业结构的高端化方向明显，对经济增长也产生了显著的积极作用和明显的影响。

表1.4　　　　　　长江经济带2013—2017年各省市
地区生产总值总量及增速（网络数据汇总）

	2013年地区生产总值增速（%）	2014年地区生产总值增速（%）	2015年地区生产总值增速（%）	2015年地区生产总值总量（亿元）	2016年地区生产总值总量（亿元）	2016年地区生产总值增速（%）	2017年前三季度地区生产总值总量（亿元）
上海	7.7	7	6.9	25 000	27 466.15	6.8	21 617.52
江苏	9.6	8.7	8.5	70 600	76 086.17	7.8	62 604.46
浙江	8.2	7.6	8	42 886	46 484.98	7.5	36 958.03
安徽	10.4	9.2	8.7	22 005.6	24 117.87	8.7	19 811.35
江西	10.1	9.7	9.1	16 723.8	18 364.41	9	14 725.07
湖北	10.1	9.7	8.9	29 550.19	32 297.91	8.1	25 076.03
湖南	10.1	9.5	8.6	29 047.2	31 244.68	7.9	24 492.29

---

①　丁怡婷，等. 黄金水道，转型升级活力足［EB/OL］. http：// www. qstheory. cn.

表1.4(续)

	2013年地区生产总值增速（%）	2014年地区生产总值增速（%）	2015年地区生产总值增速（%）	2015年地区生产总值总量（亿元）	2016年地区生产总值总量（亿元）	2016年地区生产总值增速（%）	2017年前三季度地区生产总值总量（亿元）
重庆	12.3	10.9	11	15 719.72	17 558.76	10.7	14 309.18
四川	10	8.5	7.9	30 103.1	32 680.5	7.7	27 297.19
贵州	12.5	10.8	10.7	10 502.56	11 734.43	10.5	9 499.53
云南	12.1	8.1	8.7	13 717.88	14 869.95	8.7	10 646.65
长江经济带			8.8	305 856	332 905.81	8.5	267 037.3

2016年长江经济带涵括的11省市的地区生产总值总量已经达到33.29万亿，在全国不含港澳台31省市GDP总量74.4万亿中，占比为44.7%，已近半壁江山。从GDP总量排名来看，2016年GDP总量排在前十位（广东、江苏、山东、浙江、河南、四川、湖北、河北、湖南、辽宁）的地区中，有5个隶属于长江经济带区域，即江苏、浙江、四川、湖北、湖南。而实际GDP增速排在前十位的地区中，有7个省市属于长江经济带覆盖地区，分别是西藏、重庆、贵州、江西、湖北、云南和安徽。2017年前三季度，长江经济带11省市实现地区生产总值26.7万亿元，同比增长8%，高于全国平均增速，7省市的GDP增速排名进入全国前十①。由此，不管是从总量上说，还是从增速上说，长江经济带已经无可非议地成为我国经济发展的核心区域，更是未来很长时间的经济增长极点。

1.2.2.2　长江经济带人口状况

表1.5　　　　　2016年长江经济带各省市人口数

地区	人口数（万人）
四川	8 262
江苏	7 999
湖南	6 822
安徽	6 196

① 丁怡婷，等. 黄金水道，转型升级活力足［EB/OL］. http://www.qstheory.cn.

表1.5(续)

地区	人口数（万人）
湖北	5 885
浙江	5 590
云南	4 771
江西	4 592
贵州	3 555
重庆	3 048
上海	2 420
总人口数	59 140
全国	138 271

数据来源：中商情报网。

从表1.5可以看出，截至2016年，长江经济带11省市的人口总数为59 140万人，占了全国人口总数13.83亿人的42.8%，也几乎是全国人口的一半，其中有6个省份的人口数超过5 000万人。可见，长江经济带强大的人口吸引能力。近年来，长江经济带人口呈现出一种趋势，即逐渐向地区中心城市或者省会城市聚集，比如四川省会成都市常住人口已经近1 000万，四川"十三五"规划在人口政策上特意提出要控制特大城市主城区人口，缓解由于人口过于密集而带来的城市病问题。而武汉、重庆、苏州、徐州、合肥、长沙、南昌、温州等也成为长江经济带人口集聚区域。

1.2.2.3　长江经济带城市状况：城市圈层与城市化

从地图上看，《全国主体功能区规划》确定的三分之一的特大城市群（长三角城市群），八分之三的大城市群和区域性城市群（成渝城市群、长江中游城市群、江淮城市群）都集中在长江经济带流域内，长江经济带也就成了我国"两横三纵"城镇化战略格局的重要支撑。

表1.6　　　　　　2016年长江经济带地级及以上城市数量　　　单位：个

上海	江苏	浙江	江西	安徽	湖北	湖南	四川	重庆	云南	贵州
1	13	11	11	16	12	13	18	1	4	8

目前，长江经济带都市经济圈发育状况和发育程度良好，已经形成了三大

都市的经济圈和城市群，即长江上游的成渝城市群，长江中游地区包括武汉都市圈、长株潭城市群、环鄱阳湖城市群等在内的中游城市群和长江下游由上海、江苏、浙江、安徽等省市组成的泛长三角都市群。上中下游城市圈层的体量、规模和影响力可以与沿海的三大都市经济圈媲美，并且具有明显的后发优势和腹地更深广、联系更为紧密、具有持续影响力和爆发力等优势。

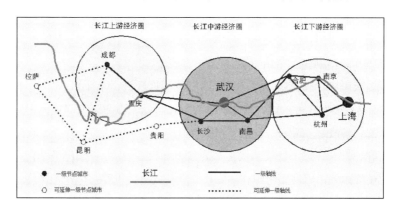

图 1.1　长江经济带上中下游经济圈示意图

泛长三角都市经济圈："3+2"模式，是在包括上海、江苏、浙江在内的长三角基础上，把长江中下游地区的安徽、江西两省纳入泛长三角经济区。泛长三角第一次提出是在2008年年初，胡锦涛总书记在视察安徽时，第一次明确提出了"泛长三角"的概念和"泛长三角区域发展分工与合作"问题，后逐渐成形。现在泛长三角已经成为中国区域经济发展的"领头羊"，综合实力最强，被国际公认为六大世界级城市群之一，并致力于在2018年建设成为世界第一大都市圈。龙头城市上海是国际经济、金融、贸易和航运核心之一，带动着长三角地区和全部长江流域的发展。江苏、浙江等省份紧密衔接、配合，建设"3小时经济圈"。南京和杭州被认为是泛长三角都市经济圈的两个副中心。合肥也将和南京、杭州等城市一起建设国际化都市区。

长江中游城市群：长江中游城市群以武汉为中心城市，长沙、南昌为副中心城市，包括湖北的武汉都市圈（1+8）、襄荆宜城市群和湖南的长株潭城市群（3+5）和江西的环鄱阳湖经济圈（1+8）。长江中游城市群以武汉为中心，还包括黄石、鄂州、黄冈、仙桃、潜江、孝感、咸宁、天门、随州、荆门和荆州以及河南省的信阳、江西省的九江和湖南省的岳阳，其中，12个为地级城市，3个为省直辖县级市。长江中游城市群将是我国具有优越的区位条件、交通发达、产业具有相当基础、科技教育资源丰富的城市群之一，在我国未来空间开发格局中，具有举足轻重的战略地位和意义。在长江中游城市群中，三个特大城市武汉、长沙和南昌，呈"品"字形分布，分别为三省的省会和中心城市，是三个都市圈的"首位长江中游城市群城市"和"核心力量"（是为"三核"）；并以三核为中心形成武汉都市圈、长沙都市圈、南昌都市圈共三大都市圈（是为"三圈"）；三大都市圈，在各省的经济总量中所占的比重均在60%以上，是带动周边地域经济发展的拉动力量，是推动三省经济发展的发动机和"中部崛起"的增长极（是为"三极"）。

成渝城市群：成渝城市群，横跨四川省和重庆市，总面积18.5万平方千米，常住人口9 094万。以成渝经济区为依托，以成渝两市为双核，主要范围包括四川省的成都、绵阳、德阳、乐山、眉山、遂宁、内江、南充、资阳、自贡、宜宾、广安、达州以及重庆主城九区、万州、涪陵、合川、永川、江津、大足、垫江、璧山、铜梁等。在国家层面上，成渝城市群一体化发展已经纳入了长江经济带的发展规划中。2015年1月，成渝城市群入围国家级城市群。2016年5月4日，国家发改委发布《成渝城市群发展规划》，未来成渝城市群将通过穿梭在区域内的城际交通，在核心城市与周边城市、核心城市与核心城市之间，构建一小时出行圈。成渝城市群中将崛起一批百万级以上的区域中心城市。

从城镇化水平来看，长江经济带11省（市）城镇化发展并不均衡，长江下游的东部地区城镇化率高于全国水平；而长江上游的西部地区城镇化率则低于全国水平，总体上东重西轻。2015年，位于长三角"龙头"地区的江苏、浙江两省城镇化率分别达到66.5%、65.8%，而位于长江经济带末端的云南省则为42%，贵州省42.01%，四川省为46.3%，湖北省为56.6%，湖南省刚过50%，江西省和安徽省分别为51.62%和49.15%。《国家新型城镇化规划（2014—2020年）》确定，到2020年，常住人口城镇化率达到60%左右。整体来看，长江经济带拥有2.76亿农村人口，占全国农村人口的43.77%，城镇化水平仍有很大的上升空间。

1.2.2.4 长江经济带交通建设

改革开放四十年来，长江经济带内上中下游的交通基础设施建设都取得了巨大成效，路网结构布局不断完善，规模持续扩大，交通技术水平提升显著，交通运输能力持续增强，已经初步构成了以长江黄金水道为依托，涵括水路、公路、铁路、民航、管道等多种交通运输方式在内，紧密衔接、协同发展的综合立体交通网络。

表 1.7　　　　　截至 2016 年年底长江经济带

各省市运营铁路里程　　　　　单位：千米

地区	铁路里程	公路里程	高速公路里程
四川	4 622.7	324 138	6 523
江苏	2 767.4	157 304	4 657
湖南	4 719.8	238 273	6 080
安徽	4 242.6	197 588	4 543
湖北	4 138.2	260 179	6 204
浙江	2 576.9	119 053	4 062
云南	3 651.5	238 052	4 134
江西	4 010.5	161 909	5 894
贵州	3 269.5	191 626	5 434
重庆	2 102.1	142 921	2 817
上海	465.1	13 292	825
长江经济带	36 566.3	2 044 335	51 173
全国	123 991.9	4 696 263	130 973①
占全国比重	29.5%	43.6%	39.1%

数据来源：中国统计年鉴 2017。

　　从数据来看：长江经济带 2016 年年底通车运营的铁路里程达到 36 566.3 千米，与 2012 年铁路营业里程 27 999 千米相比，增加了 8 567.3 千米，占全国总里程数的百分比变化不大，维持在 29.5%。很显然，长江经济带铁路里程与带域内的经济、人口、区域面积相比，还需要大幅度提升。

　　从公路里程来看，长江经济带公路建设发展迅速，尤其是高速公路发展速度很快，2016 年长江经济带高速公路通车里程为 51 173 千米，占全国总高速公路里程 130 973 千米的 39.1%。内河航道里程在 2012 年就达到 88 964 千米，占了全国内河航道里程的 71.17%，黄金通道的作用凸显。

_____

　　①　2015 年全国高速公路通车里程一览表，中国高速网。

虽然几十年间长江经济带交通网络建设发展迅速，但与推动长江经济带发展的要求相比，长江经济带综合、立体的交通网络建设仍然存在着需要发展的空间和差距，这种不足主要体现在五个方面：一是城际铁路建设还比较滞后，城际交通网络功能不完善，难以适应城市群空间布局和新型城镇化发展格局；二是网络结构完善度不够，通达的深度和覆盖的广度还比较欠缺，技术等级也偏低；三是长江黄金水道的潜能还没有充分发挥出来，在现有的航道中，通行能力和运载潜力大的高级航道占的比重还偏低，特别是长江中上游航道存在梗阻问题，整体的集疏运体系还没有完全建成；四是立体交通网络体系没有建构，不同运输方式之间的无缝衔接还不充分，不能实现铁路、公路和航空的有效衔接；五是东西向铁路、公路运输能力不足，南北向通道能力紧张，向西开放的国际通道能力薄弱。

1.2.2.5 长江经济带产业状况

长江经济带由于涵括范围广，各地发展水平不一致，产业层次也存在差异，各省的主导产业有一定的差异。长江上游的成渝经济区，主导产业为汽车制造、生物医药等；长江中游的城市群主导产业为汽车、家电、装备制造，安徽、江西、湖北、湖南四省都有这四大主导产业；长江下游的长三角是我国重要的制造业基地，工业经济撑起了整个长三角地区经济的增长，制造业体系完整，技术力量雄厚，综合配套能力高，劳动生产率高。2014 年长江经济带三次产业结构为 6.4：47.2：46.4，三次产业就业结构为 36.6：27.7：35.7，正处于工业化中期向后期阶段转化的时期。2015 年，长江经济带生产总值为 30.585 6 万亿元，人均 GDP 为 5.2 万元，发展态势良好，发展潜力巨大。2016 年长江经济带的三次产业结构比为 8.1：42.88：49.02，产业结构有了较大程度的优化，三次产业增加值分别占全国各次产业增加值的 42.4%、48.2% 和 42.5%，是我国工业发展的主阵地[①]。

目前，长江经济带从产业布局和发展状况来看，已经形成了包括高新技术产业群、重化工产业群、机电工业产业群等在内的三大产业集群。高新技术产业集群，主要集中在长江上中下游中心城市，如上海、南京、武汉、成都、重庆等中心城市；重化工业产业集群，主要是能源、钢铁、建材、石化等产业。长江上中下游，特别是中上游的能源、钢铁、建材、石化等，经过若干年的发展，已经具有了相当的规模，并且这些产业的不少的大型龙头企业已经在长江

① 冯玥. 长江经济带产业转型升级的绿色金融支持研究 ［J］. 金融发展评论，2017（6）.

沿线布局聚集，形成了重化工业群，长江经济带重化产量占了全国的46%①。对于机电工业产业群来说，主要是汽车产业在上游的四川、重庆和中游的湖北等已经形成了规模化聚集，2016年上半年，长江经济带沿线11省市汽车产量为588.75万辆，接近600万辆，占了全国汽车产量的约45%。而重庆市全年汽车产量更是突破300万辆，年产316万辆。这三大产业集群的形成，支撑了长江经济带各省市的经济发展和产业竞争力的提升。

表 1.8　　　　　　　2016年长江经济带各省市汽车产量

省份	累计（万辆）	省份	累计（万辆）	省份	累计（万辆）
上海	260.77	江西	53.58	重庆	266.34
江苏	138.63	湖北	243.46	云南	13.31
浙江	58.06	湖南	47.74	贵州	1.64
安徽	139.12	四川	53.03		

长江上游的重庆市以两江新区和沿长江城市为产业布局载体，确立了电子信息和汽车两大支柱性产业，并大力发展新材料、新能源智能汽车、通信设备、生物医药、集成电路、高性能轨道交通装备等战略性新兴产业，对农产品加工、材料、装备制造、摩托车、化工等传统优势产业进行升级改造，也花大力气发展商贸、物流、旅游等现代服务产业。

长江中游的湖北省着力打造具有世界竞争力和全球影响力的工业走廊，通过产业配套和资源整理利用发展生物医药、新能源、新能源汽车、新材料、北斗导航、智能制造、海洋工程、集成电路等战略性新兴产业和信息消费、高技术服务、电子商务、现代物流、文化旅游等现代服务业。湖北的战略性新兴产业主要布局在沿江国家级开发区、高新技术园区和汉孝临空工业区；现代服务业也布局在长江、汉江流域沿线。

长江下游的江苏省通过多年的发展，已经形成了化工、物流、冶金、装备制造等产业集群，树立了建设国际先进制造业基地的目标，充分利用江苏沿江靠海的区位优势，布局了大量运输量和吞吐量大，进出口量大的基础产业，如特种冶金、精细化工、石油化工、新材料、汽车、船舶和物流产业，并大力发

---

① 王海平，周慧. 长江经济带重化产量占全国46%急需转型［N］. 21世纪经济报道，2016-01-16.

挥产业之间的上下游、前后向及旁侧效应，形成了较为完善的产业链条。

长江下游的上海市在沿江和沿海布局了钢铁、新材料、船舶和海洋工程、精品钢材、新能源、装备制造、民用航空、生产性物流、石油及精细化工等产业，并形成了沿江沿海产业带，以充分发挥区位优势和空间资源优势。

1.2.2.6 长江经济带生态环境状况

长江经济带存在着结构性污染严重的生态问题。这种结构性污染，主要集中于长江经济带中上游地区。一方面，属于欠发达地区的长江经济带中上游地区，本身传统产业占比较重，沿江布局了一些技术水平低、污染性强、治理难度大的黑色金属和有色金属冶炼即压延加工、造纸、化工制造等企业，整个工业企业超过3万家，特别是化工企业就有近万家，产业类型复杂的国家级、省级、市级开发区、化学工业园区林立，且大量石化产业带基本位于我国酸雨控制区，致使水环境事故风险较高；另一方面，中上游欠发达地区面临着经济增长压力，这些欠发达地区为了发展经济，在单纯追求GDP增长的目标导向下，承接了大量东部地区转移出来的高耗能、高污染的低端产业。这些高污染产业的承接，造成了结构性污染问题，给长江经济带水环境保护工作带来了巨大压力。目前，长江流域水环境污染十分严重，干流岸边污染带累计超过600千米，污染物中包括300余种有毒污染物。早在2012年，水利部水资源公告数据显示，全国废污水排放总量785亿吨中，有近400亿吨排入长江——几乎相当于一条黄河的水量。鱼类种类锐减、湖泊富营养化问题突出，长江流域的生态系统遭到较为严重的破坏。

1.2.2.7 长江经济带创新资源状况

长江经济带具有丰富的创新资源，是我国重要的创新策源地，具有较高的对外开放程度。在长江经济带内，聚集了全国三分之一强的科研机构和高等院校。2015年，长江经济带内的普通高等学校有1 101个，占据全国2 560个普通高等学校数量的43%；本专科在校人数也占全国本专科在校人数的42.4%。全国将近一半的两院院士和高级科技人员也聚集在长江经济带，还拥有各类国家级创新平台超过500家，涌现出了一大批包括量子保密通信、高性能计算机等在内的具有国际影响力的重大创新成果。长江经济带研发投入的成效也很显著，研发经费支出、有效发明专利数、新产品销售收入占全国比重分别为43.9%、44.3%、50%，形成了一批创新引领示范作用显著的城市群。"武汉中国光谷"已经成为了技术创新集聚区的典范。长江经济带具备良好发展基础，区域互动合作前景广阔，未来发展空间巨大①。

表 1.9　　　　　　 2015 年普通高等学校数和本专科在校学生数

	全国	长江经济带	占全国比重
普通高等学校数（个）	2 560	1 101	43%
本专科在校学生数（万人）	2 625	1 114	42.4%

1.3　长江经济带发展的战略意义

长江经济带的纵深发展，具有重要的战略意义，是区域发展演进规律作用下的必然之义；是经济新常态下的区域发展"新棋局""新动力""新引擎""新担当"和"新利器"。

1.3.1　长江经济带是区域发展演进规律下的必然之义

人类文明都是起源于大江大河流域，人类最开始都是在江河流域繁衍生息，江河流域也就历来是人类活动密集区域。对于长江流域来说，千百年来中国人在此繁衍生息，已经形成了完整的社会—经济—生态系统，成为中国国土空间开发最重要的东西轴线，也是地理学者一直关注和研究的重点区域。在全球经济化下，网络化、带状经济更是世界经济发展的趋势。

流域经济开发，向来是沿海起步先行，并随着现代社会生产和社会化分工的发展，逐渐沿着内河纵深向腹地梯度发展。比如田纳西河流域开发和莱茵河流域的开发都印证了这种开发规律。我国流域经济开发也体现了由沿海地区—沿边地区—内陆地区开发开放的梯度开发模式。改革开放初期，通过设置经济特区、开放沿海城市和沿海开放区，确立了沿海地区的优先发展地位，多种资源和优惠政策向沿海地区倾斜。自 1980 年起，先后建立了深圳、珠海、汕头、厦门四大经济特区，后又在总结其经验的基础上把海南开辟为我国最大的经济特区，经济特区作为我国对外开放的"试验田"，充分发挥了技术、管理、知识和对外政策"四个窗口"的作用，为我国的沿海开放构建了先行开放的发

①　徐焱. 重庆智库发布月度报分析长江经济带 11 省市科技创新十大趋势 ［EB/OL］. http：//society. huanqiu. com.

展模式。在经济特区成功实践的基础上，1984年邓小平又及时提出开放大连、天津、上海、广州等14个沿海城市，并且在一些城市设立经济技术开发区、国家级经济开发区等。1985年又设立了长江三角洲、珠江三角洲和厦漳泉沿海开发区，1990年开放了浦东新区。我国逐渐形成了"经济特区—沿海开放城市—沿海经济开放区—沿江经济开放区—内地中心城市—铁路沿线和沿江地带"的全方位开放格局，东部地区得到了优先发展。

21世纪后，我国经济发展的重点区域逐步由沿海沿边向内地扩展。近年来，随着开放政策向沿江推进，长江流域在国家经济发展战略上的地位不断提高，在国家级新区、综合配套改革试验区及自贸区中，长江流域地区拔得头筹，并占据优势地位。该趋势同样与全球经济活动空间不断扩大的总体趋势相吻合。

1.3.2　长江经济带是经济新常态下发展的新棋局

经过20余年的高速发展，我国自2014年以来，经济进入了一个新的发展时期，呈现出增长速度逐渐中速化，经济下行压力增大；经济发展风险凸显；经济发展动力转换；经济结构正从增量扩能为主转向调整存量与做优增量并存的深度调整等特征。习总书记将这种经济发展态势称为经济增长新常态。在经济新常态下，产业发展面临新挑战，产业结构亟待转型升级，资源环境约束不断增强，劳动力等生产要素成本上升，区域产业分工合作尚不成熟，投资和出口拉动经济增长受阻，主要依靠规模扩张、资源要素投入的粗放发展模式难以带动经济的持续增长。

经济新常态下，如何寻求经济增长新动力，塑造国际竞争新优势，就成了经济发展不得不思考、不得不面对的难题。党中央和国务院认识新常态，适应新常态，对区域发展棋局进行了新思考和新布局，力图培育区域经济增长新动力。为此，国家开始统筹实施"四大板块"和"三个支撑带"的区域战略组合，以期拓展我国经济活动空间，重塑国内外经济地理。所谓"四大板块"，就是东中西和西北板块，包括西部大开发战略、中部崛起战略、东部率先发展战略和振兴西北老工业基地四大板块战略，以完善差别化的区域发展政策。"三个支撑带"指"一带一路"发展倡议、京津冀协同发展战略、长江经济带建设①。其中，依托黄金水道推动长江经济带发展，打造中国经济新支撑带，

①　倪铭娅. 2015年四大板块和三个支撑带亮点纷呈［N］. 中国证券报，2015-03-06.

是党中央、国务院审时度势，谋划中国经济新棋局做出的既利当前又惠长远的重大战略决策，是中国经济新常态的客观要求与必然选择，是我国寻求新的经济增长动力、塑造国际竞争新优势的明智之举。长江经济带将与丝绸之路经济带、21世纪海上丝绸之路经济带共同构筑起未来我国"两带一路"发展的综合开发开放新格局，形成中国向西开放、陆地开放和海洋开放的三大开放新趋向。

自 2013 年 7 月以来，习近平总书记、李克强总理、张高丽副总理等中央领导多次强调将长江流域建设成为我国经济新的支撑带的重要意义。2014 年 4 月 25 日，习近平总书记主持召开中央政治局会议，提出了长江经济带全面改革开放和加快发展的问题。时隔 3 天，李克强总理即在重庆召开了长江经济带九省二市负责人座谈会，商讨长江经济带发展问题。同年 9 月，国务院就出台了"依托黄金水道推动长江经济带发展的指导意见"。2015 年 2 月 7 日，张高丽副总理主持召开长江经济带发展会议，进一步部署和落实长江经济带建设和发展的有关事宜。认知的成熟，引致政策的发生。2014 年 9 月 12 日，国务院发布了《国务院关于依托黄金水道推动长江经济带发展的指导意见》（国发〔2014〕39 号，以下简称《意见》），长江经济带的建设成为我国区域发展的一个重大战略。2016 年 1 月 5 日，习近平在重庆召开的推动长江经济带发展座谈会上表示，当前和今后相当长一个时期，要把修复长江生态环境摆在压倒性位置，共抓大保护，不搞大开发。把推动新型城镇化作为重要抓手，加强与"一带一路"的倡议衔接互动，培育长江经济带全方位对外开放新优势。关于推动长江经济带建设，发改委于 2016 年 2 月刊文表示，2016 年将抓紧编制出台长江三角洲城市群发展规划、成渝城市群发展规划，全面提高长江经济带城镇化质量和水平。长江三角洲城市群聚焦提升整体国际竞争力，充分考虑特大城市功能疏解，合理划定城市边界。长江中游城市群着力在资源优势互补、产业分工协作、城市互动合作上下功夫。成渝城市群充分发挥重庆、成都双引擎带动和支撑作用，提高一体化发展水平。2016 年 3 月 25 日，中共中央政治局召开会议审议通过《长江经济带发展规划纲要》。会议指出长江经济带发展的战略定位必须坚持生态优先、绿色发展，共抓大保护，不搞大开发。要贯彻落实供给侧结构性改革决策部署，在改革创新和发展新动能上做"加法"，在淘汰落后过剩产能上做"减法"，走出一条绿色低碳循环发展的道路。

表 1.10　　　　　　　　推进长江经济带建设的主要政策

发布时间	发布部门	政策名称
2014 年 9 月	国务院	关于依托黄金水道推动长江经济带发展的指导意见
2014 年 9 月	国务院	长江经济带综合立体交通走廊规划（2014—2020）
2015 年 4 月	国家发展改革委	长江中游城市群发展规划（发改地区〔2015〕738 号）
2015 年 6 月	国家发展改革委	关于建设长江经济带国家级转型升级示范开发区的实施意见
2015 年	国家发展改革委	长江经济带发展水利专项规划
2015 年	国家发展改革委	长江经济带创新驱动产业转型升级方案
2015 年	国家发展改革委	长三角世界级造船基地和海工装备基地建设方案
2015 年 7 月	国务院	长江流域综合规划（2012—2030 年）
2016 年 3 月	国务院	成渝城市群发展规划
2016 年 3 月	国家发展改革委	长江经济带创新驱动产业转型升级方案
2016 年 9 月	国务院	长江经济带发展规划纲要
2017 年 10 月	十九大报告	实施区域协调发展战略

1.3.3　长江经济带是中国经济持续发展的新引擎

加快建设"长江经济带"，是继"长三角""珠三角"之后中国经济持续发展的又一新引擎。这可以从三个方面来看：一是长江经济带拥有的国土面积大。长江经济带东起上海，中穿湖北湖南，西至重庆、四川等 11 个省市，横贯区域广，涵括省市多，穿越了东中西三大区域，拥有广阔的腹地，国土面积超过全国 1/5；二是长江经济带人口多。长江经济带 11 省市人口大约有 6 亿，近全国总人口的一半，在我国发展大局中具有举足轻重的战略地位；三是长江经济带经济力量强。长江经济带内有上海、南京、武汉、杭州、合肥、成都、重庆等核心城市，经济总量巨大，也蕴含着巨大的内需潜力，是中国经济发展由东向西梯度推进关键时期的重要抓手，是东部产业向西转移的一个重要横向联系通道，是拉动内需的主战场，将在未来支撑中国经济的半壁江山；四是增长速度快。2016 年，长江经济带 GDP 平均增速为 9%，远高于全国 6.7% 的平均增速，发展潜力巨大。因此，长江经济带是中国经济持续发展的新引擎。

1.3.4 长江经济带是中国经济稳步发展的新动力

经济新常态下，寻求经济发展新动力意义重大。国家将眼光放在长江经济带上，可谓明智之举。改革开放以来，对外贸易为我国经济发展做出了巨大贡献，特别是对东部沿海地区贡献犹大。但随着全球进入后金融危机时代，随着资源要素的趋紧，主要依赖国外市场的东部地区经济受到了严重打击，劳动力等生产要素成本不断提高，东部地区制造业企业面临的压力与日俱增。东部地区要摆脱困境，则要实现自身产业结构的优化升级，而产业结构的优化升级需要那些已丧失比较优势的产业从东部地区转移出去。中西部地区拥有丰富的自然资源、劳动力资源，因而原材料供给充足，但长期缺乏充足的资本、技术和知识等高级生产要素，这就为那些在东部失去优势的产业提供了新的生产区位。为此，从 2009 年开始，中央政府高密度地批复各地呈报的各种经济区发展规划，并采取各种措施促使东部地区的产业向中西部地区转移。我国已在四大板块地区先后建立了 13 个国家级新区和 6 个承接产业转移示范区。这意味着，我国区域发展战略思想由过去的以东部地区（以珠三角、长三角和环渤海地区为中心）为中心的单极驱动转向为包括广大中西部地区的多极驱动，这是在新形势下的我国区域发展战略思想的重大变化。长江经济带建设将使拥有最广阔腹地、资源富集、发展空间广阔、潜力巨大的中、西部地区更多地参与全球经济循环，进而为我国经济持续发展提供持久动力。到 2020 年长江经济带将建设中国经济新支撑带，其中现代化综合交通运输体系将率先建成。可见，长江经济带建设在推动沿江城市大发展、产业梯度转移和转型升级、城镇化建设的同时，还将带动沿江公路、铁路、水路、管网等基础设施建设。未来15 年，长江经济带经济增长速度将超过全国，2020 年前后经济总量有望达全国的 50%。

1.3.5 长江经济带是统筹区域协调发展的新担当

长江经济带发展有助于协调区域经济发展水平，实现东中西部协调发展。改革开放四十年来，由于初期的不平衡发展战略和东部地区优先发展的区域政策，造成了我国东中西部发展不平衡的格局，三个板块之间的区际差异非常大。2000 年，西部和东部的人均 GDP 相差 7 000 元；到 2010 年，这一差距拉

大到了 21 000 元①。2015 年沿海发达省份基本上人均 GDP 突破 1 万美元，达到中等发达国家水平，而中部地区人均 GDP 为 3.6 万元，约为东部地区的60%，西部地区人均 GDP 仅为 27 000 多元，为东部地区的 30% 多。全面建成小康社会总体目标下，缩小区际差异，带动东中西部协调发展是必然之义。

长江经济带横跨东中西三大板块，以长江为纽带，串联起了东中西三大区域上的九省二市，将长三角、珠三角和成渝经济圈三大圈联系起来，以城市经济区为基本单元，以流域经济整体发展作为目标，有利于三大城市圈的互动发展。一方面，借助长江经济带建设，可加快中、西部地区的发展，能够加强不同发展梯度区域之间的经济关联性和三大经济区的联动，有利于形成良好的梯度发展格局，缩小区域发展差距。另一方面，长江经济带上游的长三角地区是我国经济基础和产业基础最为雄厚的地区，但也面临着产业结构和经济结构的调整，把一些产业转移到其他区域。而联动发展下，中西部地区也就成了这些产业转移的承接之地，为产业转移提供广阔的空间。因此，国家赋予长江经济带发展战略"支撑全国经济持续稳定增长，促进东中西部协调可持续发展"的使命。

1.3.6 长江经济带是经济全球化下发展的新利器

当前，世界经济正在朝着区域化、扁平化和全球化方向发展，任何国家和区域的发展都必须融入世界经济的大浪潮中。近年来，我国对外经济发展环境面临着新的变化和挑战，为应对这种挑战，要寻求多元化的联系通道和渠道。在这种情况下，习总书记提出了"一带一路"发展倡议。"一带一路"发展倡议是对我国对外开放区域结构转型、要素流动转型和国际产业转移、国际经贸合作与经贸机制转型等需要的顺应，是一个跨越国内外的经济发展大战略。国内，丝绸之路经济带，沿陇海兰新线——我国横贯东中西的陆路大通道，从东到西涉及江苏、山东、安徽、河南、陕西、甘肃、青海、宁夏、新疆 9 个省区，辐射范围更大。21 世纪海上丝绸之路，涉及我国整个沿海一线，带动内陆广大地区。国外，"一带一路"分别从陆上、海上两个方向，通往亚、欧、非各大洲。有人评价，这就像对外开放的"两翼"，为中国开放型经济发展插上两只腾飞的翅膀。"新丝绸之路经济带"和"21 世纪海上丝绸之路经济带"一个往东，一个往东南，将为中国的对外开放插上两只腾飞的翅膀。

---

① 王晓易. 东西部人均 GDP 差距十年增加两［N］. 华商报，2010-03-28.

由此，长江经济带就义不容辞地承担起了"一带一路"发展倡议的纽带和桥梁作用，能够把"一带一路"更好地贯通和连接起来。长江经济带是环太平洋经济圈与我国内陆地区连接的主要通道，向南延伸是我国与东南亚地区交流合作的窗口。长江经济带，可以起到连接"一带一路"的重要作用，向东通江达海，向西通过渝新欧直达欧洲，向西南通过云南与缅甸相连后进入印度洋，可以连接东南亚、南亚，贯通孟中印缅经济走廊。西北通过"渝新欧"和"蓉新欧"等运输线路连接欧亚大陆。可见，"长江经济带"建设，有助于打开沿海地区以外新的对外开放阵地，实现我国东西双向开放格局，进而提升我国对外经济发展多元化和联系通道多元化水平。

因此可以说，长江经济带是我国经济发展战略的新利器，具有重要战略地位，有望成为中国经济的脊梁。有人形容，中国的沿海像一把弓，广袤且资源富集的西部像一根弦，长江就是搭在弦上的一支箭，上海是箭首，重庆是箭羽，现在弓已拉满，是发力放箭的时候了。中国经济发展将似离弦之箭射向海洋，走向世界。还有人比喻，长江是一条龙，长三角是龙头，上海是龙珠，武汉等中游地区是龙身，四川重庆是龙尾。三者协调联动，摇头摆尾舞动龙身，就能够让长江经济带这条巨龙舞动起来，实现腾飞，中国经济在今后一个较长时期内就能实现更大的发展。

另一个方面，经济全球化进程加快，后金融危机时代各国经济的逐渐复苏，也为长江经济带产业结构转型升级创造了有利的国际环境。经济全球化本质上是全球范围内市场经济的一体化，由此推动全球范围的产业结构升级。长江经济带在综合开发过程中产生巨大生产能力，满足国内市场需求的同时，在不断扩大的国际市场中需求得到二次释放。长江经济带在技术密集型、资本密集型和劳动密集型等产业发展中都具备一定的优势，应积极参与到亚太地区乃至全球经济的分工合作中；上海、南京、武汉、成都、重庆等特大和大城市的高技术产业及现代服务业更深入地参与到高层次的全球产业分工中；更多大型企业集团和跨国公司将在长江经济带沿线布点设厂，长江经济带在全球经济中的作用将愈加重要。经济发展的理论和实践表明，区域产业分工合作与经济发展有着特殊的联系，经济发展水平与区域产业分工合作的优化程度是同步演进的，区域产业分工合作的深入程度成为衡量国家社会经济文化发展阶段的重要标志之一，反映工业化的速度及生产、生活现代化的质量和水平。

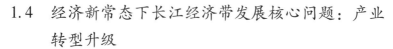

1.4 经济新常态下长江经济带发展核心问题：产业转型升级

1.4.1 产业转型升级是经济新常态下推动区域发展的现实要求

经济新常态下，经济发展动力、发展模式和发展路径都要求发生转变，而不管是动力、模式还是路径，最终落脚点都是产业，都要求产业转型升级，推动产业结构优化。当前，国内市场的资源竞争、人才竞争日益激烈，国际上还处于后金融危机时代，整体经济亟待复苏，因此产业发展所依托的内外环境变得严峻。世界各国现代化进程的实践和历史经过证明，经济长足发展要求产业结构升级与科技创新齐头并进，这两者相互支持，相互促进。产业转型升级和产业结构优化，能够带动经济快速和持续增长，能够增强在世界经济中的竞争力。因此，不管是发达国家，还是发展中国家，都在致力于本国产业的转型升级和产业结构的优化调整。对于当前的中国来说，部分领域产能过剩，各省市都面临着去库存去杠杆去产能的压力，因此，长江经济带进行产业转型升级，推动产业结构优化，是新常态下应对困难，寻求经济持续发展的必然路径。这种使命要求长江经济带产业规划具有综合性，产业选择基准应以维护经济稳定、促进可持续发展为主要内容，需要处理好产业功能定位问题。目前，国家发改委正协同相关部门编制新一轮的长江经济带发展规划，提出要拓展我国经济发展空间，把长江经济带打造成为产业转型升级的新支撑带。如何加快转变经济发展方式，优化产业结构，促进产业升级，推进产业由沿海地区向内陆地区转移已成为长江经济带经济社会发展面临的重大课题。

1.4.2 产业转型升级是打造长江经济带新增长极的必然条件

中国经济经过几十年，特别是改革开放以来四十年的发展，目前所遇到的已经不仅仅是简单的产业"空白"或者发展"瓶颈"问题，而是市场上供给大于需求，产能过剩，市场呈现出不均衡的经济状态。为应对这个问题，将视野和思路放在调整初级结构上已经不行了，只有加大产业结构转型升级力度，朝着高级化、合理化方向发展，才能为我国未来的经济发展构建一个合理的、高级的产业结构布局，才能提供有力的产业支撑。在激烈的市场经济竞争中，只有以产业转型升级提高经济发展的质量和效益，才能牢牢把握发展的主动权。只有加快产业转型升级步伐，才能真正实现资源优势向经济优势、竞争优势转化，不断巩固和壮大跨越发展的支撑。落脚到长江经济带上，由于带域内上中下游经济发展的不平衡，尤其是中上游地区经济低度化水平还很高，加上国家希望在长江经济带创造新的经济增长极，更需要实现产业转型升级，提高产业支撑力，实现产业结构调整。

长江经济带产业转型升级，有利于缩小区域发展差距，合理利用国土空间；有利于降低成本、激发需求、开拓市场；有利于新的增长极的打造。为了实现长江经济带产业转型和产业结构升级，就必须实现要素驱动向创新驱动转变，通过在长江经济带 11 个省市内进行最大范围的科学技术创新，加强企业和产业的创新程度，促进长江经济带的经济快速发展，促进生产力要素配置加快从东向西、从下游向中游和上游地区转移，充分地利用地理战略作用，带动邻近省市的发展，同时创造新的经济增长极。

1.4.3 产业转型升级是长江经济带应对经济环境变化的必要措施

自 2008 年金融危机后，国际经济环境一直处于后金融危机时期，经济环境动荡；而国内城镇化进程加快，消费结构和需求结构发生变化，加上 4 万亿投资效应下的去产能、去库存压力，长江经济带面临着一系列困难和挑战，迫使产业必须进行转型升级，产业结构必须进行优化。

1.4.3.1 长江经济带产业转型升级的环境背景

当然，长江经济带的转型升级是一项长期、复杂、综合的系统工程，必须放在新的时代背景和环境背景下通盘考虑、统筹谋划和系统推进。第一，当前我国正在实施最为严格的耕地保护制度，以稳定粮食生产，维护粮食安全；第二，生态环境的持续恶化，促使我国各省市必须实施最为严苛的环境保护制度和水资源保护制度，推进国家的生态文明制度建设；第三，经济发展传统的资源优势正在消退，经济发展的动力整体向创新驱动转化，各省市通过"四化"（新型工业化、信息化、城镇化和农业现代化）互动，推进经济发展的战略纵深发展；第四，我国正在全域范围内推进供给侧结构性改革，去杠杆、去产能、去库存，降成本补短板的历史任务凸显，国家化解产能过剩，推行节能减排的各项产业政策已经逐步落地，纵深推进；第五，在经济全球化下，后金融危机时代的内外开放格局必须重塑。

基于这一时代背景，长江经济带产业转型升级必须在新的视野和思路下，在全球经济—全国经济—大区域经济格局中统筹考虑，分析产业转型升级的有利条件和约束因素，培育产业比较优势和竞争优势，找准产业转型升级的突破点和着力点，走上正确的产业转型升级路径，推动产业结构合理化（资源合理配置、产业供需结构适应、产业间协调）和高级化（产业高技术化、高集约化、高加工化），不断提升长江经济带产业的发展水平和发展质量。

1.4.3.2 内外环境背景下长江经济带面临产业转型升级的压力推动

长江经济带内的上中下游地区都存在产业转型升级和结构优化的压力。

（1）受后金融危机影响，长三角地区外向型经济面临产业转型升级的压力

20世纪80年代和90年代中期，产业在世界全域范围内发生了两次大的转移。长三角地区以其沿海沿边和浓厚的经商文化及超前的产业意识，以发展中国家核心经济区域的身份成功承接了这两次产业转移。第一次是承接了劳动密集型加工贸易在国际间的转移，第二次是承接了世界先进制造业从发达国家转移到发展中国家。通过承接第一、二次产业转移后，江苏、浙江和上海地区基本建成了世界先进制造业中心。

但目前，全球经济形势发生了较大变化，整体经济遇冷。根据联合国贸易和发展组织的报告，金融危机以来，全球外国直接投资总量波动明显，2014年下降16%，2015年上升38%，但2016年又下降10%~15%。我国2015年利用外资的全球排名从第一降到第三，进入总量趋稳的结构调整期①。在这一背景下，江苏利用外资在总量上要有所提升难度不小。这种变化，对上海和江浙地区这种外向型经济的影响尤为重大。这些地区历来以外向型经济为重，产业承接对象也主要是国外产业。2016年长江经济带国内生产总值总体增速为9%，虽然高于全国6.7%的平均增速，但内部增速差异大，长江下游平均增速为7.7%，长江中游平均增速为8.3%，长江上游平均增速为9.4%。

表1.11　　　　　长江经济带2016各省市GDP增速　　　　单位:%

城市及地区	增速
上海	6.8
江苏	7.8
浙江	7.5

---

① 张鹏远. 江苏利用外资面临的问题与形势［N］. 群众决策咨询，2016-10-08.

表1.11(续)

安徽	8.7
江西	9
湖北	8.1
湖南	7.9
重庆	10.7
四川	7.7
贵州	10.5
云南	8.7
长三角地区	7.7
长江中游地区	8.3
长江上游地区	9.4

从表1.11可以看出，长江下游的江苏、浙江、上海三地的增速普遍偏低，主要就是因为外贸进出口和外资投资发生了变化。2015年，江苏实际利用外资被广东超过，服务业实际利用外资113.16亿美元，同比下降7.74%①，大批外向型企业破产，必须通过产业转型升级，特别是发展现代服务业来应对压力。上海市2016年货物进出口总额及其增长速度见表1.12②。

表 1.12　　　　2016年上海市货物进出口总额及其增长速度

指标	绝对值（亿元）	比上年增长（%）
上海市货物进出口总额	28 664.37	2.7
上海市货物进口总额	16 558.92	5.2
#国有企业	3 024.38	6.7
外商投资企业	10 749.20	2.0
私营企业	2 618.84	16.1
#一般贸易	8 870.70	9.5
加工贸易	2 033.48	−5.8

①　张鹏远. 江苏利用外资面临的问题与形势［N］. 群众决策咨询, 2016-10-08.
②　参见2016年上海市国民经济和社会发展统计公报。

表1.12(续)

指标	绝对值（亿元）	比上年增长（%）
#机电产品	8 139.15	0.4
#高新技术产品	5 134.10	−1.1
上海市货物出口总额	12 105.45	−0.5
#国有企业	1 478.40	−6.3
外商投资企业	8 159.31	0.3
私营企业	2 355.17	0.9
#一般贸易	5 255.66	1.1
加工贸易	4 847.34	−6.4
#机电产品	8 506.80	−0.1
#高新技术产品	5 219.96	−1.4

当前，世界经济正在进行着第三次全球范围内的产业转移。江浙和上海地区应该犹如前两次一样，抓住此次产业转移的契机，着力承接世界经济的第三次转移，着力承接高端产业，比如高端制造、现代服务外包产业、技术研发环节产业等，加快发展高价值产业，快速向纽约、伦敦、东京等世界经济中心看齐和媲美。通过对高端产业的承接，长三角地区将进一步实现产业高级化，产业结构合理化和升级。

（2）长江中游城市群要通过产业转型升级，在经济带域内发挥更大作用

长江中游城市群，主要指目前已经形成的武汉城市群、长株潭城市群和环鄱阳湖城市群，这三大城市群有望连接成世界级超级城市群。国家对长江中游城市群的期望在于，通过产业转型升级，将其打造成为中国经济发展的新的增长极点。这对于全国经济的快速持续增长和开发中西部市场，释放内需潜力，推进长江流域的开发和带域内区域经济协调发展，保障长江生态安全和国家粮食安全，都具有极其重要的战略意义。

（3）长江上游城市群要通过产业转型升级，拓展经济增长新空间

长江上游地区，面临着经济发展和生态保护的双重压力，更是亟须通过产业转型升级，破解难题。目前，长江上游的成渝城市群建设和发展，已经上升为国家战略层面。2016年4月，国务院常务会议通过了《成渝城市群发展规划》，强调要以强化重庆、成都辐射带动作用为基础，以创新驱动、保护生态

环境和夯实产业基础为支撑，建设引领西部开发开放的城市群，形成大中小城市和小城镇协同发展格局。成渝城市群是长江经济带三大核心城市群之一，成渝城市群产业转型升级和产业结构的优化，可以释放出中西部巨大的内需潜力，拓展经济增长新空间。

（4）长江经济带要通过产业转型升级，实现生态优先的发展战略

长江是中华民族的母亲河，是中华民族永续发展的生态之基。长江经济带沿线的产业类型选择和布局，影响着长江经济带生态文明建设状况。党的十九大报告提出了"以共抓大保护、不搞大开发为导向推动长江经济带发展"，这为长江经济带的产业发展指明了方向。长江经济带唯有通过产业转型升级，优先发展绿色产业、高技术产业、智能型产业等，实现产业转型升级，才能有效落实党中央对长江经济带发展"生态优先"和"保护为上"的发展战略。

2 长江经济带产业转型升级：理论基础和现状

任何的研究都具有一定的理论基础和理论来源。产业转型升级问题，必然会反映在产业结构状况上。产业结构水平能反映一个区域、一个国家经济发展的具体情况和问题，能显示区域或者国家经济水平的质量和效益，也反映区域和地区所处的经济发展阶段。因此，产业结构理论是长江经济带产业转型升级的基础理论；其次，长江经济带产业发展问题，也是一个区域政策问题，任何产业的发展都必须依托于一定的地域空间；最后，产业转型升级就是产业发展问题，因此产业发展理论也是我们研究的理论基础。在此理论基础上，我们就得思考长江经济带产业发展状况如何，有无转型升级的必要性，在转型升级过程中存在哪些问题、呈现出什么特征等问题。这些也是本部分将要研究的内容。

2.1 长江经济带产业转型升级文献综述

产业转型升级是一个非常重要的研究课题。对长江经济带产业转型升级的研究，学者们也足够重视，他们在长江经济带产业转型升级的必要性、思路、建议、对经济增长的贡献等方面进行了分析和研究。

2.1.1 国家层面产业转型升级的研究

在新的经济发展态势之下，中国产业发展面临着转型升级的紧迫任务。杨丹辉（2011）通过分析基于全球价值链的新型国际分工机理，提出了在要素全球配置条件下中国产业转型升级的路径选择①。金京、戴翔、张二震（2013）认为，与前一阶段简单"纳入"的要求不同，新一轮的开放要求中国进一步"扎根"全球要素分工体系。中国产业发展要切实用好自身比较优势，遵循产业发展规律，做好实业，重视科研，如此，才有可能抓住新机遇，不断提升中国企业的全球化经营能力，从而促进产业发展和转型升级②。金碚（2014）对工业的转型升级进行了解读，认为工业发展走向更高文明阶段的直接表现就是：以持续创新和"革命"的方式实现进化过程。所谓工业转型或产业升级，实质上是工业所具有的创新性和革命性的自发彰显，当前的工业转型是工业的工具效用和价值实质间内在关系的再调整，是工业创新能力的再释放③。刘志彪（2015）也指出，当前我国经济面临的下行压力，本质上是因为生产率的持续下降与要素成本上升的共同作用。社会生产力发展和劳动生产率提高才是主导国家发展命运的决定性因素，因此推进经济转型升级的关键措施，是要启动国家层面的、新一轮大规模的技术改造。这是新常态下经济增长动力重塑的利器，也是产业升级的必由之路。制造业转型升级是当前产业转型升级的热点问题之一④。周大鹏（2013）认为，制造业通过服务化转型，增加产品中知识型服务要素的密集度，可以带来产品种类增加，实现范围经济，同时降低价值链各环节间的协调成本，提高利润水平，实现产业从低端向高端的升级⑤。蒋兴明（2014）则对产业转型升级的内涵、路径作了详细的论述，认为产业转型升级是由产业链转型升级、价值链转型升级、创新链转型升级、生产要素组合转型升级所形成的有机整体，认为产业转型升级的路径主要有研发、品牌、标准、市场、政府五个方面⑥。

2.1.2　长江经济带各区域发展方向和产业转型升级思路研究

长江经济带发展战略的提出，对带域内各省市的发展方向和发展思路都产

---

① 杨丹辉. 全球竞争格局变化与中国产业转型升级——基于新型国际分工的视角［J］. 国际贸易，2011（11）：12-18.

② 金京，戴翔，张二震. 全球要素分工背景下的中国产业转型升级［J］. 中国工业经济，2013（11）：5.

③ 金碚. 工业的使命和价值——中国产业转型升级的理论逻辑［J］. 中国工业经济，2014（09）：51-64.

④ 刘志彪. 提升生产率：新常态下经济转型升级的目标与关键措施［J］. 审计与经济研究，2015（04）：77-84.

⑤ 周大鹏. 制造业服务化对产业转型升级的影响［J］. 世界经济研究，2013（09）：17-22，48，87.

⑥ 蒋兴明. 产业转型升级内涵路径研究［J］. 经济问题探索，2014（12）：43-49.

生了不小的冲击。各省市何去何从，如何布局和落子也就成了学者们研究的一个方向。杨凤华（2014）研究了长江经济带新格局中江苏的发展，指出在当前全面深化改革、加速创新驱动、放大水运优势、加强区域联合、提升开放优势、建设生态文明等发展新形势和新要求下，江苏应通过提升地方战略层次、完善综合交通运输体系、实施创新驱动战略、打造新型城镇化等途径，加快建成深化改革开放的先行地、国家"两带一路"战略枢纽地、创新驱动引领转型升级的典范区、全球重要的先进制造业和现代服务业中心、区域协调发展的示范区和生态文明建设先导区①。方创琳（2014）研究了江苏通州湾新区的做法②；谭晶荣（2012）对长三角地区转型升级的特征进行了分析，并探讨了长三角地区产业转型升级过程中的路径选择，提出了长三角地区产业转型升级的实施方略③。郭岚、张祥建、李远勤（2009）指出，大量的劳动力资源向长三角地区的流入形成了该地区近 30 年来的人口红利效应，支撑着长三角的快速发展。在劳动力成本及其他要素投入成本不断提高的后人口红利时期，长三角地区急需通过转变经济增长的方式，积极探索经济发展的新动力来促进资源的优化配置与产业发展的转型升级④。周荣荣（2012）在剖析长三角地区经济、产业发展现状的基础上，运用相关经济理论，对该地区产业结构专业化水平进行了定量分析，提出了长三角产业结构转型升级的对策措施⑤。高巧、白艳娟（2012）则通过对比其他国家或地区在经济发展相同阶段的历程，特别是与 20 世纪 70 年代的日本进行比较，从中借鉴经验为珠三角地区提供产业转型升级的范式⑥。周桂荣、王冬（2011）⑦，张为杰、张景（2012）⑧，陈耀、陈梓、侯小菲（2014）等对京津冀地区产业转型升级进行了研究。陈耀等针对京津冀产业发展存在的差异性，提出了按照"两维四化"的基本思路，优化京津

① 杨凤华. 长江经济带新格局中江苏的发展方向 [J]. 南通大学学报·社会科学版，2014 (11).

② 方创琳. 长江下游城市如何作为：江苏通州湾新区做法 [J]. 改革，2014 (6).

③ 谭晶荣. 长三角地区产业转型升级特征、路径与实施方略 [J]. 企业经济，2012 (09)：5-8.

④ 郭岚，张祥建，李远勤. 人口红利效应、产业升级与长三角地区经济发展 [J]. 南京社会科学，2009 (07)：7-14.

⑤ 周荣荣. 长三角产业结构优化调整与经济转型升级 [J]. 江苏社会科学，2012 (06)：78-83.

⑥ 高巧，白艳娟. 国际经验对珠三角产业转型的启示 [J]. 中国物价，2012 (10)：52-55.

⑦ 周桂荣，王冬. 推动京津冀区域产业升级与创新浅探 [J]. 现代财经（天津财经大学学报），2011 (03)：29-33.

⑧ 张为杰，张景. 地区产业转型对经济增长质量的贡献度研究——来自京津冀地区的经验 [J]. 经济体制改革，2012 (02)：44-48.

冀三地的产业分工格局，重塑产业链①。吴传清（2015）从时间维度来思考长江经济带产业转型升级的思路，提出构建现代产业体系、引导产业合理布局和有序转移、培育世界级产业集群、增强企业自主创新能力是长江经济带产业转型升级的发展思路②。

2.2 产业转型升级理论基础

2.2.1 经济带、产业带与长江经济带内涵

2.2.1.1 经济带内涵

所谓经济带，主要是指以劳动地域为基础，产生的各具特色及不同层次的带状地域经济单元。在对经济带进行定义的过程中，当前尚没有非常统一的概念，不同的学者从不同的角度提出了对经济带的理解。美国的斯坦德吉尔最早从研究制造业的布局出发提出了制造业带，被认为是经济带的雏形；德国的松巴特和我国的朱华友、丁四保等从轴线交通出发界定经济带，认为经济带是以交通干线为生长轴，通过交通干线将城市连接在一起，从而人口集中，产业聚集，形成新的带状经济区。此后，德格及佩林克提出了发展轴的看法。所谓发展轴，主要是指对发展重点进行连接的线状地带，这是一个区域发展过程中最为优先的地带，一般会以当前主要的基础设施为依托发展而成，有着非常强的战略意义。

通过上文的分析可以看出，在经济带的定义方面，或者以交通干线的作用为主，或者以经济联系为主，但整体缺乏一个系统的、全面的观点。以目前的研究成果来看，我们可以对经济带进行以下定义：是带状经济区的简称，是在特定区域环境下形成的，具有不同层次、不同特色，由核心—外围结构构成的具有世界意义或者区际意义的带状经济单元。在带状经济单元内，其核心是由众多沿线状基础设施成串珠状排列的城市组成的产业轴，其外围也由同心圆式的圈层结构异化成与核心产业轴对称排列的条带状结构③。经济带内通常资源富集，产业集中，城市密集，交通便捷，人口稠密。经济带相对于其他地区，

① 陈耀，陈梓，侯小菲. 京津冀一体化背景下的产业格局重塑［J］. 天津师范大学学报（社会科学版），2014（06）：1-6.

② 吴传清. "十三五"期间促进长江经济带产业转型升级的战略思路［J］. 区域经济评论，2015（1）.

③ 陈才. 区域经济地理学［M］. 北京：科学出版社，2001：49-69.

经济发展水平较高，其形成是时空共振的一个结果，具有阶段性和层次性特征。就经济带本身而言，往往是由若干个企业集群、产业密集带、亚经济带、点轴系统或城市群组成；而在一定条件下，它又可能成为更大的超级交通经济带的组成部分。

从这个概念分析可以看出，经济带应该具有以下几个特点：具有连接经济中心的线状基础设施、具有以服务业或者工业为主的产业聚集区、具有沿着基础设施分布的城市或者经济中心，这三者相互联系，共同对经济的发展起推动作用。高级化的结构区域是经济带最主要的特征。经济基础稳固，经济繁荣是经济带的共同点。现实中，可能会出现某个经济带不够繁荣，没有我们想象的那么发达，但从其他方面看它的结构还是相当合理的，这些方面包括生产力水平、产业布局和经济结构。

条带状是经济带的结构形式。由经济带的定义可知，经济带是由一条主线把所有相关的产业连接起来的汇聚区域，这就决定了条带状是经济带的结构形式。经济带具有良好的城市化水平。两个或两个以上的大中型城市组成一个经济带。就像蜘蛛网一样，每两个节点之间还会夹杂着许多个经济不发达，但地理位置优越或其他设施优越的小城市或小城镇。

交通便捷、资源丰富、金融产业和服务业繁盛，以及一、二、三产业齐头并进是经济带应具备的条件。

2.2.1.2 产业带内涵

产业带从属于经济带，是产业聚集区，是由若干具有项目关联性、配套和相互协作的产业部门，在资源富集地、交通节点或者中心城市集聚而形成的由线状基础设施束，或者由众多大大小小的中心共同组成的具有共同内在经济联系的产业集聚地区。

2.2.1.3 产业带与经济带的关系

经济带和产业带具有密切的相关关系。产业是经济发展的核心，又是区域联系和经济转移的载体，承担着提升区域经济水平、协调区际经济关系的纽带和桥梁作用。因此，产业带也就是经济带的基础，是经济带的主要组成部分。经济带的形成是由企业为点，由产业带为线，由城市功能的共同发展为面，逐步形成、演变的。也就是由具有原始优势产业的上中下游企业，在共同协作和配套中，逐渐形成产业密集带，而产业密集带的发展和人的聚集，必然要求金融、商业、服务等城市功能的发展，由此一个完整意义的经济带就形成了。这个过程具有经过了集聚、裂变、结构演化的分形，其中各类产业企业是这个分形过程的元要素和吸引子。

因此，产业带是经济带的基础、载体和元素，经济带由发达的产业和密集的城市构成，是产业带的高级形式，是所在区域最富活力的核心地带。城镇体系是经济带形成的必然阶段和主要骨架，是经济带发育的标志性过程。

2.2.1.4 长江经济带的内涵

顾名思义，长江经济带是一种经济带，是经济带形式，并且是一个特殊的经济区域和流域带，是以长江流域为基础、以长江干支流为纽带、以沿线城市和城市群为基本单元的宏观协作经济区，而不仅是一条产业带或产业密集带，更是一种组织型经济区。

2.2.2 结构与产业结构概念

2.2.2.1 结构的概念

"结构"一词最早是一种建筑用语，是指建筑的构造形态。晋朝葛洪《抱朴子·勖学》里说："文梓干云而不可名台榭者，未加班输之结构也。"后来，唐宋到汉朝时期，结构都是指建筑结构。再后来，结构这个词被广泛运用于各个方面，特别是诗文方面，这个时候，结构一词的含义就是指构成整体的各个组成部分的排列和搭配情况。到近现代时期，结构被运用于经济领域，特别是运用于产业领域，被用来解释一、二、三次产业之间和产业内部构成之间，如产业内企业关系、地区分布关系的排列和组成状况。

2.2.2.2 产业结构概念

产业结构概念的产生，首先源于三次产业的提出和划分。三次产业的划分是由英国经济学家阿·费希尔在他所著的《安全与进步的冲突》一书中首先提出的。费希尔通过对经济发展史的分析和梳理，将人类的生产活动划分成了三个阶段。

第一阶段的主要生产活动是农业和畜牧业，被称为初级生产阶段。农业和畜牧业也就被称为第一产业。第二个阶段的起始点是英国工业革命，工业革命的胜利，实现了工业化大规模生产，钢铁业、纺织业和其他制造业发展迅猛。工业、制造业等也就被称为第二产业。第三个阶段始于20世纪初，由于社会分工的细化，催生了旅游、教育、娱乐服务、文化艺术、金融、保健等服务业，产生了大量的用工需求，资本也大量流入这些行业之中。费希尔就将处于

第三阶段的旅游服务、娱乐服务等称为第三产业。

现在各个国家所采用的三次产业划分法，是沿用的英国经济学家柯林·克拉克的三次产业划分法。柯林·克拉克是受到费希尔的产业划分法的启示，在他1935年出版的经济学著作《经济进步的诸条件》中，对产业划分进行了更进一步的阐释和分类，正式提出了三次产业分类法。他的三次产业划分很快得到资本主义国家的认同，在经济统计中被广泛采用，并成为政府宏观管理和调控的工具。有了三次产业的划分，产业结构也就自然而然地成为新兴的经济学分支。

产业结构进入经济学家的研究视野，可以追溯到17世纪。被称为英国古典政治经济学创始人的威廉·配第发现各国国民水平高低的不同和各国处于不同经济发展阶段，是源于产业结构的不同。在他1672年出版的著作《政治算术》中有一个通过考察得出的结论：农业收入低于工业收入，工业收入又低于商业收入，原因是后者的附加值高于前者，即工业附加值高于农业，商业附加值高于工业。在威廉·配第之后，其他的经济学家如里昂惕夫、库兹涅茨、刘易斯、赫希曼、罗斯托、钱纳里、霍夫曼、丁伯根等都对产业结构进行了深入分析和研究。在他们的研究中，产业结构的概念和内涵也在不断深化。

贝恩（被称作产业组织结构鼻祖）于1966年，在他的著作《产业结构的国际比较》中，提出产业结构是产业内不同企业之间的相互关系。也就是说，贝恩认为产业结构是产业内企业组成状况的不同排列。而赫希曼认为，产业结构是指产业之间与产业内部的社会组合关系和产业体系的整体功能状态，这种状态也反映了生产要素在国民经济各产业部门之间的比例构成及其相互依存、相互制约的关系。赫希曼的产业结构概念界定影响更为深远和广泛。现代产业经济学中对产业结构的认定，基本上是指产业之间的一种相互关系。比如我国学者方甲在《产业结构问题研究》一书中提出，产业结构是指在社会再生产过程中，一个国家或地区的产业组成即资源在产业间配置状态，产业发展水平即各产业所占比重，以及产业间的技术经济联系即产业间相互制约的方式①。

根据以上的分析，产业结构概念可以作如下界定：产业结构指国民经济体系中各类产业（或部门）以及产业内部之间的排列组成情况、配合协作关系以及彼此之间的数量比例关系。对产业结构的理解，可以从质和量两个方面来深入分析：从质上来看，产业结构反映产业间和产业内部在生产、交换、消费

① 方甲. 产业结构问题研究［M］. 北京：中国人民大学出版社，1997.

等方面的相互关系，是一种动态状态，也反映了一、二、三次产业更迭发展的规律，特别是处于领先地位的产业结构组成部门之间相互结构效益以及不断进行更新替代的动态规律；从量上来看，产业结构反映一、二、三次产业之间的比例关系，是一种静态反映，表现为在特定的时间点上不同产业之间投入总量和产业输出总量之间的比重大小关系。

2.2.3 产业结构演进规律

时间和实践证明，产业结构演进是具有一定的规律的。产业结构是经济增长的结果，也是未来经济增长的基础和推动经济发展的主要因素。因此，产业结构会随着经济发展处于不同的阶段而不断变动演进，一、二、三次产业所占比重依次更迭。从纵向来看，产业结构随着人均国民收入的提高从低级向高级演进，向高度化方向发展；从横向来看，产业结构会朝合理化方向演化。而正是由于产业结构不断朝着高度化和合理化方向演进，从而推动了经济的发展。

关于产业结构演进，有几个定律：

2.2.3.1 配第—克拉克定律

正如前文所说，威廉·配第第一次区分了三次产业，也第一次揭示了产业演进的方向和机制。其后，克拉克在配第的基础上，研究了产业结构的演进趋势，并第一次得出了产业结构的演进规律。配第和克拉克的发现，合称为配第—克拉克定律，即经济社会发展会由第一产业占主导地位，向第二产业占主导地位，到第三产业主导不断演变，从而处于不同的发展阶段。在第一产业占主导地位时，劳动力绝大多数集中在农业和畜牧业领域，人均国民收入低；第二产业即工业占主导时，劳动力从第一产业向第二产业转移，第二产业劳动力所占比重提升，工业得到快速发展，人均国民收入也随之提高；当第三次产业占主导时，劳动力又由第二产业向第三产业转移，人均国民收入进一步提升。这种由人均收入变化引起产业结构变化的规律为配第—克拉克定律。

2.2.3.2 库兹涅茨人均收入影响论

美国经济学家西蒙·库兹涅茨继承了配第—克拉克的研究成果，而且做了更进一步研究。他既运用了劳动力的部门分布指标，还运用了各产业所创国民收入的比重指标，证明了克拉克的发现，即随着人均国民收入提高，产业重心会由第一产业向第二产业，再向第三产业转移，三次产业的产值会不断变动，还揭示了产业产值变动与就业构成变化的相关关系，并更精确地说明了具有普遍意义的产业结构变动的一般趋势。库兹涅兹发现的产业结构变动受人均国民收入变动的影响这个规律，被称为库兹涅茨人均收入影响论。

2.2.3.3 钱纳里工业化阶段理论

美国经济学家霍斯·钱纳里运用库兹涅茨的统计归纳法，通过回归模型建立了标准产业结构。钱纳里的产业结构演进方向和规律得到了更广泛的认同和采用。

钱纳里运用更长的历史阶段数据，考察分析了制造业内部各产业部门的地位和作用的变动，揭示了产业间存在的关联效应，这种关联效应，推动了制造业内部结构转换。钱纳里还进一步发现，制造业受初级产品和工业品输出的影响小，受人均收入水平、需求规模和投资率的影响大。

钱纳里进而将制造业的发展分成了三个时期，对应三个不同的时期，产业也分成三种不同的类型：初期、中期和后期，初期产业、中期产业和后期产业。钱纳里关于不同产业在不同经济发展阶段，具有不同特点的理论总结，被称为钱纳里工业化阶段理论。

从工业化阶段理论出发，产业结构的演进也就分成五个不同的阶段，每个阶段主导产业不断更迭，从而使每个阶段表现出不同的产业特征。这五个阶段分为：前工业化时期、工业化初期阶段、工业化中期阶段、工业化后期阶段和后工业化时期。这五个不同阶段，产业结构的演进也就由农业为主导—轻纺工业为主导—重化工业为主导—低度加工型的工业为主导—高度加工组装型工业为主导—第三产业为主导—信息产业为主导等不同主导产业的更迭和演进。

表 2.1　　　　　　　　　**工业化不同阶段及主要特征**

阶段	主要特征
前工业化时期	主要产业：第一产业；第二产业有所发展；第三产业弱小
工业化初期	第一产业比重逐渐缩小；第二产业比重提升，产业重心由轻工业主导向基础工业主导转化；第三产业比重依然弱小
工业化中期	第二产业比重最高，产业重心由基础工业向高加工度工业转化；第三产业比重上升
工业化后期	第一产业占比很低；第二产业比重下降；第三产业占比高，具有支配地位，尤其是信息产业得到迅猛发展
后工业化阶段	产业知识化成为主要特征

资料来源：苏东水. 产业经济学［M］. 北京：高等教育出版社，2000：199-220.

2.2.4 产业结构优化升级理论

在历史长河中，产业结构总是随着经济发展而不断变化、更迭，一、二、三次产业之间的比值也在经济发展中不断动态变化。长期来看，三次产业产值之间的动态变化是呈优化趋势的，也就是产业结构会随着人均国民收入水平的提升而朝高级化、合理化等方向发展。

那么具体来说，什么是产业结构的优化升级呢？要了解产业结构优化升级概念，我们可以把这几个词组分开来看。

2.2.4.1 优化和升级的概念

优化（optimization），在百度词典中是指"采取措施，使事物向良好方面变化"，是良好向上的一个动态发展过程。优化被用于人文地理科学的各个方面，如区域优化、产业结构优化、制度环境优化、界面优化等。

升级也是一个动态的变化过程，是事物由低级向高级的发展。

2.2.4.2 产业结构优化升级内涵

产业结构优化升级应该是产业结构的两种动态变化方式，一是产业结构优化；二是产业结构升级。所谓产业结构优化，就是产业结构合理化和高度化的有机统一，通过产业结构优化，使产业布局更加科学、均衡，产业分工合作愈发高效。产业结构合理化和产业结构高度化两者之间高度相关。产业结构合理化是产业高度化的基础；产业结构高度化是产业结构合理化的必然结果。这两者的统一，就是产业结构的优化升级。

换言之，产业结构优化，表现为推动产业结构的合理化和高度化的过程，最终实现经济持续快速健康发展。产业结构优化，要实现的事情，包括产业结构优化的目标、产业结构优化的对象、产业结构优化的措施或手段、产业结构优化的政策等。合理的产业结构是区域健康发展的前提，从区域经济理论出发，产业发展在区域经济中具有重要的地位，它通过对微观经济的组合演变对区域经济发展变化起着直观重要的作用。产业结构的协调是经济发展的内在要求，也是区域资源配置效率提高的要求。

2.2.4.3 产业结构高度化

（1）产业结构高度化的内容

产业结构高度化，也就是产业结构升级，是产业结构由低级向高级形式的转换，即产业结构根据经济发展的历史和逻辑序列从低级水平向高级水平发展的动态过程。

（2）产业结构高度化的影响因素

产业结构之所以能够高度化，是源于内在动因和外在支撑两个因素。内在动因是科技进步，外在支撑因素是市场需求和产业政策。

①科技进步是产业结构高度化的内在动因

产业结构高度化的内在动因是科学技术的进步。科学技术水平和产业结构具有紧密关联的关系：随着科学技术的进步和发展，新技术将会被运用于某一产业部门，带动和提升该产业部门的产出水平和产值；由于示范效应和竞争的作用，必将带动其他产业部门进行技术革新和改良，从而促进整个产业部门的技术进步，最终导致整个产业结构发生变化，朝着高度化方向发展。

科学技术进步主要从以下几个方面来推动产业结构朝高度化方向发展：

第一，科学技术进步，能够促进生产工业改进，能够提升生产效率，从而扩大生产规模，并促进生产质量的提高，最终有利于产业机构的高度化；第二，科学技术进步，能够开发利用新资源，增加和提高资源供给的数量和质量；而新资源的使用，又能够提高效率和效能，从而发挥最大的功效；第三，科学技术的进步和提高，将会使生产规模扩大，并大大降低劳动成本，提高劳动生产率，资金和技术在产业中所占的比重将加大，产业结构将实现高度化；第四，科学技术进步，将创造出新的产品，新的产品又会创造出新的市场需求，新的市场需求又会进一步刺激技术的进步，以降低成本，降低价格，从而赢得市场，促进产业结构的高度化。所以，科学技术进步是产业结构高度化的自然的内在动因。

②市场需求和产业政策是产业结构高度化的外在支撑因素

首先，在市场经济条件下，需求是生产供给方向的导向力，市场需求变化会引致生产结构同步变化，进一步就会引致产业结构的变化和前进方向的转化。根据需求用途途径不同，市场需求可以分为消费需求和投资需求。人类社会发展进步的标志，最终落脚到消费需求结构上，而消费者需求结构变动的基础是消费者的收入水平。所以当消费者需求结构产生了变动，必将会引起产业结构随之产生变动。

恩格尔定律对此作了很好的阐述：随着人均国民收入水平的提高，恩格尔系数会逐渐降低，人们的消费需求将由基本生活品的需求，转向耐用消费品和旅游、金融、奢侈品等的需求，这就会促使提供这些消费品的产业部门得到发展，在产业体系中所占的比重逐渐上升，产业结构将实现高度化。正如"配第一克拉克"定律所表明的，随着人均收入的提升，必将会使需求体系朝着多元化方向发展，为满足需求而产生的产业结构也就会朝着多元化、多样化方向发展，也会导致产业结构各个部门之间的利益由于对需求满足程度的不同而出现不同，最终会使资源从满足基本生存资料的产业和部门流出，流入到深加工、精加工，满足更深层次需求的产业和部门中去，从而推动产业结构的高度化。在这个过程中，企业和企业决策起到至关重要的作用。企业会根据市场需求和市场竞争，做出合理的资源配置决策，企业资金会对不同的产业部门进行投资，从而促进产业结构发生变化，并会导致形成新的产业结构，从而促使产业结构朝着高度化方向发展。

其次，产业政策也是推动产业结构高度化的一个非常重要的外在力量。一般说来，随着政府对产业结构演进规律的掌握，会为了避免出现市场失灵的问题和降低产业结构高度化过程中的迂回及曲折，而利用产业结构演进规律，在尊重和遵守市场机制和原则的基础上，通过采取产业扶持、调整、保护、组织以及布局等方式实现产业结构的升级，进而使其具有更强的竞争力。产业政策的制定，会对地方政府的行为和企业行为进行有效的方向指引，能够在一定程度上推动产业发展方向，加快某一产业成长和进步的速度。比如大多数工业化程度较低的国家，会为了赶超经济发达国家，而通过利用产业政策，超前配置产业或是在经济发展几个阶段上同时进行产业布局，以期能够在较短的时间内实现工业化。

（3）产业结构高度化的判断方法

产业结构不同的水平，表明了某国或某个区域处于经济发展的不同阶段。但如何来判别产业结构的水平，特别是产业结构高度化水平呢？

关于产业结构高度化的水平判定，可以用产业结构水平系数、霍夫曼系数和软化度系数来判定。

第一，产业结构水平系数判别法。

这种方法是对产业结构高度化的综合判别和度量，是通过将产业结构水平综合化为一定量指标，表明某一经济区域产业结构的高度。

第二，霍夫曼系数法。

霍夫曼系数，就是霍夫曼根据消费资料工业和资本资料工业的净产值的比值作为产业结构高度化水平的判别依据，即霍夫曼系数＝轻工业增加值/重工业增加值。他以工业制造业为分析蓝本，通过分析近20个国家的时间序列数

据，得出了产业发展的 4 个不同阶段。在霍夫曼看来，随着经济发展，资本资料生产会超过消费资料生产，从而使重工业化和产业高级化程度提高。若霍夫曼系数<1，为 0.5 左右，则产业处于高级阶段。

第三，软化度判别法。

1983 年"日本经济结构变化和政策问题研究会"首次提出"软化经济"概念，后来，产业结构软化也就应运而生，并成为产业结构高度化水平的一个判别方法，即通过对软产业（主要指第三产业）在产业中所占的比重情况以及对软要素（管理、知识、技术等要素）的依赖程度来判别产业结构高度化水平。一般说来，在产业结构演进过程中，软产业所占比重将越来越大，对软要素的依赖程度也越来越重。根据日本的标准，软化率大于 60% 的为高软化产业；软化率在 40%～60% 为低软化产业；而软化率低于 40% 的产业是硬产业。

由于实际产业系统的软化程度衡量标准较难，其内涵相当丰富。为了测算的简便，一般可以选取第三产业产值占 GDP 比重和第三产业就业人数占总就业人数的比重进行分析，来测度各经济区域产业结构的软化程度。

2.2.4.4 产业结构合理化

（1）产业结构合理化的内涵

产业结构合理化，主要是反映在现有技术基础上所实现的产业之间关系动态协调的过程，表现为产业之间协调、配合能力的增强，产业统筹能力的提高和产业之间关系密切化和产业关联程度的提高，也表现为产业之间在生产规模比例关系的协调、产值结构的协调、资产结构的协调、技术结构的协调和中间要素结构的协调。总体来说，产业结构合理化就是要追求产业素质的提高和产业结构的动态均衡。

（2）产业结构合理化的意义

产业结构的合理化具有重要的意义，表现在两个方面：第一，经济快速增长必然要求产业结构的合理化。经济要快速增长，有限的资源要用在产生效益最高的地方，合理的产业结构能够有效实现这一要求。由于合理的产业结构，意味着产业之间结成了一种非常健康的网状结构，这种互相依存同时亦能独立运营的关系在优化资源配置的同时，最大限度地扩大了产业效益。第二，合理的产业结构能够使产业体系获得结构效益。什么叫结构效益？所谓结构效益，就是在不增加资源和技术投入总量的前提下，由于调整了产业结构，产业部门重新排列组合，而产生的额外产业效益，即所谓结构效益。第三，产业结构合理化是经济健康发展的基础条件。研究发现，经济发展具有一定的规律，即在技术水平一定的条件下，要使经济持续健康发展，必须使产业和部门之间关系密切，比例协调。马克思在《资本论》中通过对资本主义再生产规律的分析，得出了一个结论，即每一个产业，它所生产出来的产品，恰好能被其下游产业所消费，如果不是这样，就会出现什么？或者是供给不足的情况，或者是产能过剩的情况。因此要按社会需要的比例来进行生产和交换，形成协调关系，才能避免产能过剩或者供给不足。

（3）产业结构合理化的判定标准

那么如何去判别某一地区或者某一国家的产业结构是否合理呢？产业结构合理与否，关键的核心词是协调，是产业之间和产业内部的协调。而这种协调是一种动态的过程，需要不断调整，这就决定了产业结构的协调是一种非均衡协调。纵观世界各国的产业结构的演变，不难发现，没有哪一个国家的产业结构可以以一种完美的、静态的姿态展现在经济发展中。各个国家的产业结构的合理化，必须以非均衡协调的方式，根据本国的客观条件，不断进行协调。判别产业间的协调，具体来看，主要有以下几种标准：

第一，国际标准。

国际标准的理论依据来源于钱纳里等经济学家所倡导的标准产业结构。钱纳里运用回归模型，分析了近20个国家的处于同一发展阶段和时期的产业结构，归纳总结出了标准产业结构模型。这种判断标准适用于判断经济发展在不同的阶段时产业结构的合理性。当然，这种国际标准也有一定的局限性，因为各个国家哪怕处于经济发展的同一阶段，但由于各国文化、社会和所处的环境或多或少存在着一些变化和不同，各国经济发展要素都存在差别，比如发展水平不同、资源禀赋程度和在经济发展中所起的贡献、科学技术水平、劳动力素质、产业政策等都存在不同，从而对于产业结构的发展也起到非常大的影响等。尽管存在着诸多问题，但是这种国际基准是以大量的相同的发展阶段的统计资料归纳产生，在社会、文化甚至经济等条件变化不大时，对于产业结构合理性的判别能够起到非常好的借鉴意义。

第二，需求结构基准。

需求结构基准考虑的出发点是产业结构合理化同供需之间的关系。众所周知，资源是有限的，但是人们的需求却是无限的，在这种矛盾运动中，供给结构便处于一种主导地位。但供给和需求不总是协调的，特别是当需求不断增长时，供给有时候可能就无法满足需求，供需就会失衡。而协调的产业结构会通过调整逐渐地弱化这种矛盾，但如果产业结构不协调，当供需之间的矛盾爆发时，其应对就非常滞后，甚至不起作用。换言之，当产业结构不合理时，可能会引起供需关系失调，关系紧张；而产业结构较合理时，供需之间关系就非常和谐融洽。基于此，需求结构基准就是将供需关系同产业结构合理性结合起来考虑。当然，供需关系状况只是判断产业结构合理化一个必要条件，而非充分条件。而且采用供需关系状态来评判产业结构合理性有一个前提假设，即需求结构始终是正常的，始终代表着实际的经济情况，而且这种需求结构不存在错位、扭曲和虚假，如果存在这些情况，产业结构将会失调。所以，根据需求关系来判别产业结构合理性，实际上是存在一定的片面性的。

第三，比例平衡基准。

截至目前，比例平衡基准是判断一个国家或者地区产业结构是否合理的一种最具有代表性、运用最广的一种判别标准。这种标准是通过衡量和计算产业之间的比例是否达到了某一种平衡来作为判别产业结构是否合理的判别方式。这种判别标准虽然计算的是产业间的比例，但考虑的基点依然是产业之间的协调性。从理论上来说，经济增长规律显示，产业和部门之间的协调发展，是经济增长和发展的客观条件。但是产业之间如何就协调了？量化的考虑，还是产业之间的比例关系。国民经济是一个复杂的有机系统，是有机联合体。在这个联合体内，包含了各种产业，而产业内部又有各种不同的部门和单位。不同的产业之间存在上下游关系，同一产业内部存在着工序之间等千丝万缕的联系。只有当这些产业之间的关系是协调的，社会生产才能顺滑地运行下去。因此，产业之间的比例是否协调，也就成了判别产业结构合理性的一个重要标准。但是，这种判别标准也存在一个局限，即产业之间协调发展，是一个动态的过程，不是总是处于协调的，会有一个非均衡的时期，这就需要依靠多种的措施来调整，重新达到协调，从而实现产业结构的合理化。因此，如果仅仅看产业之间的比例是否协调来判别产业结构的合理性，有可能会减缓产业创新的步伐，进而影响产业结构向高级化的演变。

每种评判标准有合理性，也有局限性，因此，在判断产业结构合理化时，还必须考虑以下几点：

一是产业间的相对地位。由于经济发展所处的时间阶段不同，不同的产业在经济发展中所起的作用也不尽相同，产业的增长速度和发展态势也不可能在同一水平，因此不同的产业在整个产业体系和产业结构中所处的地位也就存在着差异。基于此，在横向考评产业结构时，就必须要在特定的时间段下，考虑不同产业的地位，要让各个产业各尽其用，产业之间的相对地位要维持在协调的关系之下。在经济增长中，当各类产业出现了不能各就其位，各尽其效的情况时，要通过宏观调控措施来使其就位协调，以保证产业结构的合理化。

二是考虑产业素质情况。产业素质状况的良好与否，也反映了产业结构的合理与否。产业素质可以用比较劳动生产率这个指标来衡量，即用产业部门的国民收入份额除以该产业部门的劳动力总量，根据计算结果来考评产业之间是不是存在劳动生产率的强烈反差。如果算下来的结果是，分布集中而且有层次，那么可以推断出产业之间的产业素质是协调的，产业结构也就是合理的。

三是考虑产业间联系方式。国民经济系统内，产业之间和产业内部的部门之间，总是存在这样那样的相互依赖、相互依存关系。但是这种依存关系总是会由于现实中科技的进步，由于产业之间技术水平的不同而受到冲击。因此，如果产业之间的关系能够在科技进步带来冲击时迅速调整适应，就说明产业之间的关系是协调的，产业结构也就是合理的。

四是考虑产业结构的聚合能力。这种考量，是基于系统论原理的思考。根据系统论理论，系统是由若干不同类别的要素通过各种不同的有机组合方式，有序地构成了整个系统。在组合成系统后，各个要素的优势得到强化，各自的缺陷和劣势在整合中被弱化，这也是所谓的整体大于部分的原理，也就是聚合的力量。但是由于各个组成要素的联系方式和组合方法存在不同，从而导致整合成的整体也就存在不同，这个整体所发挥的功效也存在很大的差异。产业结构的聚合质量就是这种差别化的产业结构系统所体现出来的资源转换能力和综合产出能力。这种能力越强，一般说来，该产业结构系统聚合质量就越高，产业结构的合理性也就更好。

综上所述，产业结构优化升级，就是通过调控措施，通过技术进步、经济发展和政府产业政策的变化，调整产业之间和产业内部的关系，达到产业之间关系和谐，比例协调；并在动态发展中，实现三次产业由低级形态向高级形态演进，三次产业之间占比由第一到第二直至第三产业占比逐渐提高的顺序演进，达到产业结构的合理化和高度化，最终提高产业素质，促进经济健康持续协调发展。

2.2.4.5 产业结构优化的测度

产业结构优化的特征是第一产业的比重越来越小，第三产业比重越来

大，但第二产业的发展也不能被忽视。产业结构水平的高低应该综合第二产业和第三产业占比，考虑到我国特别是中西部和东北地区刚刚踏入工业化中期的事实。根据赛尔奎因和钱纳里认为"第三产业占比应该更高"的观点，考虑到产业结构升级测度指标的特殊性，论文借鉴金艳清的方法，认为产业结构优化水平可以把第二产业权重设为 0.4，第三产业权重设为 0.6，因此省市产业结构优化水平 = 区域第二产业占比×0.4+区域第三产业占比×0.6。

2.2.5 影响区域产业状况的因素

如前文所述，产业结构优化升级的内涵是实现产业结构的合理化和高度化，推动产业转型升级。但是如何实现区域转型升级，在现实中的切入点和应该采取的措施是什么呢？要回答这个问题，首先要了解哪些因素会引致区域产业状况的变动。

2.2.5.1 要素禀赋状况

产业发展过程，就是要素投入的组合过程，要素特别是生产资料是产业发展的决定和基础因素，任何产业的发展，都要受到要素资源分布状况的制约。不同地区，由于所拥有的自然资源、劳动资源、技术资源和资金资源不同，从而导致由这些要素的整合所形成的产业类别不同，从而产业结构也就存在较大差异。若一地劳动力供应充足，且素质良好，则该地的劳动密集型和知识密集型产业在该区域就发展较好，因为劳动力是劳动密集型和知识密集型产业的基础条件。比如四川有高等院校 109 所，大学毕业生每年都在 30 万人以上，国家和省部级重点实验室 293 个、国家和省级工程技术研究中心 168 个、两院院士 62 名、专业技术人员 287 万人，这些为四川产业创新奠定了劳动力和知识基础；若某地资金充足，资本市场发育良好，则该区域必然有资本密集型产业发展的充足条件，在产业结构中占比例就大；而区域内是否有先进的生产技术结构和水平，则是发展技术密集型产业的前提条件。当然，对于区域发展来说，所拥有的自然资源状况也是促进或者制约其发展的一个条件，拥有丰富的自然景观和人文景观、历史文化遗产资源的城市，总是将发展旅游服务业放在比较重要的地位，比如云南的丽江、四川的乐山和峨眉山市、六朝古都西安等等，旅游文化产业在城市的占比都非常大；而拥有大量矿产资源的区域则重点发展初级和深加工工业，比如因矿而生的四川攀枝花市，因为钒钛磁铁矿的开发利用而兴盛，也因为资源的逐渐枯竭和去产能的任务，而陷入发展困境。总之区域产业结构的演变受到区域生产资料状况和要素状况的限制。

2.2.5.2 需求结构状况

市场经济条件下，需求对经济发展的影响非常大。而在竞争作用下，供给通常会追随着需求状况的变化而变化，因此，需求结构变动影响供给结构变动；而供给结构变动，会导致生产资料在不同产业之间的配置发生改变，进而影响区域产业结构的变动。我们曾经有一段时间的经济政策着眼点就是扩大内需，因为强大的市场需求，才能使区域经济具有活力，产业发展才具有广阔的市场，产品才能被迅速吸纳消化，产业才有发展下去的条件和基础。区域的消费水平决定了本区域的消费结构，经济水平高的区域，对高级品和精加工产品的需求更旺盛，从而推动产业结构向高度化方向发展。

2.2.5.3 区域联系状况

当今世界，区域与区域之间，国与国之间，由于交通、通信方式的改变、物流现代化水平的推进，经济已不再是封闭的模式，而是相互影响，互相关联，相互促进和相互合作，这就是区域之间的经济联系。这种经济联系，体现在区域之间各种经济资源，如劳动力、资金、技术、商品等在区域之间的流动，而这种流动也就催生了产业结构效应。因为只有通过商品的交换，区域之间的比较利益才能得以体现。不同的区域，具有不同的比较优势，也就布局了不同的优势产业，比如重庆的整车制造具有优势，深圳的技术先进，北京具有政策优势，山西大同具有资源优势，从而导致区域的主导产业存在差异。区域之间可以通过经济联系，错位配置产业布局，形成区域产业结构的分工，各自充分发展自己的优势产业。

所以，区域之间的经济联系，导致产业结构还受到区域之间经济联系程度和生产要素流动情况以及需求状况的影响。这种开放式的区域经济发展模式，直接使一定的生产要素和商品最终流动到一定的区域空间，从而直接影响该区域的产业结构；然后又通过区域之间的经济联系，直接影响到其他地区的产业结构。区域之间的联系越紧密，区域之间互相影响的程度也就越高。这种开放式的区域经济发展模式有利于区域产业经济结构与国家总体产业经济结构的趋同，有利于区域产业结构的优化升级。

2.2.5.4 技术进步状况

产业结构优化升级的关键因素还是技术进步，所谓科学技术是第一生产力，技术的进步和发展状况，是经济发展的必要条件；科学技术水平，决定了

区域产业的质量和发展的能力。而技术进步之所以能够推动产业结构优化升级，在于先进的技术更容易被第二产业和第三产业所接纳，从而提升其产业内的生产率。生产率的提高又将吸纳更多生产要素，生产要素的流动致使产业结构发展调整优化。

2.2.5.5 政策体制因素

产业政策体现了政府对产业结构调控的宏观思考，能够引导区域内产业发展的方向，产业发展的比重和布局状况，最终影响区域产业结构。政府通常通过制定区域经济发展策略和产业扶持政策、区域经济管理体制等具体措施来引导产业发展，引导生产资料在不同区域、不同产业之间的分配，从而调节产业结构，优化资源配置。比如规划长江经济带的建设、沿海开放政策等，这些都反映了不同历史时期区域经济发展的战略重点和方向。

2.3 长江经济带产业现状及演进特征

2.3.1 长江经济带产业现状

长江经济带是世界上最重要的内河经济带之一，历来是我国最重要的工业、商贸走廊之一，也因此聚集了一大批钢铁、电子设备制造、石化、医药制造业、水电、交通运输设备制造、汽车等现代工业，并且形成了三大产业群，即机电工业产业群、重化工业产业群，以及近几年发展起来的高新技术产业群。机电工业产业群，主要是汽车制造产业，几乎每个省份都有，而且武汉、成都和重庆等几个省市的汽车制造业还是主导性产业，尤其是四川，近年提出了工业强省战略，汽车制造业得到省上的高度重视。重化工业产业群，主要是指能源、建材、石化、钢铁等产业，在长江经济带内有具有相当的规模，聚集了一大批龙头型企业。对于机电和重化工业来说，普遍特征是能耗高、运量大，其中汽车与化工产量超过全国总量的40%，钢铁产量也占全国总产量的36%左右。高新技术产业群，主要集中在长江下游，如上海、南京、杭州等城市和长江中上游的省会城市，如成都、重庆、武汉等。目前，长江经济带的高新技术产业群在全国也具有一定的规模优势。总体来看，长江经济带产业结构布局特征是：中上游地区的优势产业以劳动力密集型产业和资源密集型产业为主，科技含量低，处于产业链的上游；下游地区的产业以外向型和高科技产业为主，附加值高，处于产业链高端①。

长江经济带形成的机电、重化工、高新技术产业群等，对带域内各省市经济发展、竞争力的提升和打造等起到了重要的支撑作用。当然，具体到各个省市，优势产业基础、产业布局也存在着一定的差别。比如江苏省，提出了建设国际先进制造业基地目标，以此为引导，重点发展装备制造、冶金、化工、物流等基础产业，并通过这些产业的前后向、旁侧等效应，带动上下游产业的发展，延伸产业链条；而上海市，具有通江达海的区位优势，外向型经济明显，创新资源富集，产业基础优良，因此将船舶和海洋工程装备、新材料、民用航空、精品钢材、新能源、精细化工、石油、物流等产业作为发展重点，并沿江沿海布局，由此在沿江沿海地带形成了较为完善的产业带。

2.3.2 长江经济带产业演进特征

2.3.2.1 长江经济带产业发展阶段

2015 年长江经济带 9 省 2 市 GDP 总量为 305 337.43 亿元，人均 GDP 为 5 229.8 元，三次产业产值结构为 8.3：44.3：47.4。根据国际对工业阶段划分的标准，长江经济带整体处于工业化中期阶段。跟全国三次产业产值比重 8.9：40.9：50.2 相比，还有继续调整的空间，还需要进行产业转型升级。

如果分上中下游区域来看，则长江经济带上中下游区域的工业化水平和所处的阶段差异明显。长江下游的江苏、浙江已经处于工业化后期阶段，尤其是上海市，更是已进入了后工业化时期，长江中游地区则处于工业化中期阶段，而长江下游的云南、贵州等省则处于工业化初期阶段。三大区域之间发展梯度差很明显。

表 2.2　　　　　　　　2015 年长江经济带三次产业产值状况

	国内生产总值（亿元）	第一产业（亿元）	第二产业（亿元）	第三产业（亿元）	主要农产品产量（万吨）	汽车（万辆）	三次产业产值比重（%）
全国	685 506	60 871	280 560	344 075	66 241	2 450	8.9：40.9：50.2
长江经济带	305 200	25 324	135 301	144 575	25 212	1 107	8.3：44.3：47.4
占全国比重（%）	44.5	41.6	48.2	42.0	38.06	45.2	

① 王林梅，邓玲. 我国产业结构优化升级的实证研究——以长江经济带为例 [J]. 经济问题，2015（05）：39-43.

表 2.3　　　　2013—2016 年长江经济带各省市人均可支配收入　　单位：元

年度	上海	江苏	浙江	江西	安徽	湖北
2013	44 878.3	31 585.5	37 079.7	22 119.7	22 789.3	22 667.9
2014	48 841.4	34 346.3	40 392.7	24 309.2	24 838.5	24 852.3
2015	52 961.9	37 173.5	43 714.5	26 500.1	26 935.8	27 051.5
2016	54 305.3	32 070.1	38 529.0	20 109.6	19 998.1	21 786.6
年度	湖南	四川	重庆	云南	贵州	
2013	24 352	22 227.5	23 058.2	22 460	20 564.9	
2014	26 570.2	24 234.4	25 147.2	24 299	22 548.2	
2015	28 838.1	26 205.3	27 238.8	26 373.2	24 579.6	
2016	21 114.8	18 808.3	22 034.1	16 719.9	15 121.1	

2.3.2.2　长江经济带产业结构状况

从产业构成特征来看，随着西部大开发和中部崛起战略的实施，中西部省市经济和产业都有了很大的发展，迅速进入工业化加速发展阶段，工业所占比重上升，基本都超过第三产业所占比重。总体来看，2000—2016 年长江经济带整体处于"二三一"的产业发展阶段，第一产业所占比重在逐步降低，但降低速度较为缓慢；第二产业所占比重逐步上升；第三产业在 2000 年以后得到较大幅度增长，但近年增长速度又趋缓。但整体来看，长江经济带产业素质和经济发展水平在近几年都有了较大幅度的增长和提高。按照配第一克拉克定律，工业化进程中的产业结构优化就是使农业劳动力的相对比重不断下降，工业和服务业相对比重不断上升的过程。与产值结构一样，就业结构合理化和高度化发展趋势明显，第一产业就业比重一直呈下降趋势，非农就业比重都显著上升，第三产业就业比重已经超过第二产业就业比重，但长江经济带第一产业劳动力就业比重一直较高。

产业特征分区域来看，长江下游的泛长三角地带一直在全国经济版图中占有举足轻重的地位，产业层次高，产业高度化和合理化高于全国平均水平，人均收入水平也较高。长江下游的上海、江苏、浙江等地产业结构近几年不断优化：上海三次产业比重从 2005 年的 0.9：48.6：50.5，调整到了 2015 年的 0.4：31.8：67.8，第三产业有了很大幅度的提升，增加了 17.3 个百分点。上海经济发展主要依赖于第二三产业，第二三产业占总体经济的比重为 99.6%，第一产业几乎可以忽略不计,完全进入了后工业化时代。

从江苏来看,江苏三次产业比重由 2005 年的 8∶56.6∶35.4 调整为 2015 年的 5.7∶45.7∶48.6,第三产业同样在十年间得到了大幅度的发展和提升,增加了 13.2 个百分点。江苏的第二三产业所占的比重较为接近,第三产业稍高于第二产业,未来产业转型升级中,还大有作为。

浙江省发展态势同江苏类似,也是呈现为典型的"三二一"产业结构特征,三次产业比重由 2005 年的 6.6∶53.4∶40 调整为 2015 年的 4.3∶46∶49.7,同样是第三产业略高于第二产业。

总体来看,长江下游的上海、江苏、浙江等省市的三次产业结构较为合理,第三产业占比都较高,尤其是上海,已经达到 67.8%,江苏和浙江也接近达到一半;第一产业所占比重都较低,尤其是上海几乎可以忽略不计,江苏和浙江在 5% 上下。三个省市的经济类型都由工业化中后期阶段向服务经济方向转化。

但是长江中上游地区的第三产业所占比重却相对较低,比如安徽和江西两省 2015 年第三产业所占比重都是 39.1%,不到 40%;湖北、湖南、四川、云南、贵州、重庆 5 省 1 市第三产业所占比重较 2014 年都有一定的程度的提升,但都在 45% 左右(多数在 45% 以下,只有重庆在 45% 以上),第三产业占比还需要较大幅度提升。相应地,这些省市的第一、二产业占比都相对较高,第一产业都在 10% 以上,第二产业占比在 40%~50% 之间,工业化经济很明显。这种带域内不同地区之间的产业梯度差,也为产业承接转移提供了基础和空间。

表 2.4　　2005—2015 年长江经济带各省市产业结构变动表　　单位:%

年度	上海	江苏	浙江	安徽	江西
2005	0.9∶48.6∶50.5	8∶56.6∶35.4	6.6∶53.4∶40	18∶41.3∶40.7	17.9∶47.3∶34.8
2006	0.9∶48.5∶50.6	7.1∶56.6∶36.3	5.9∶54∶40.1	16.7∶43∶40.2	16.8∶49.7∶33.5
2007	0.8∶46.6∶52.6	7.1∶55.6∶37.4	5.3∶54∶40.7	16.3∶44.7∶39	16.5∶51.7∶31.9
2008	0.8∶45.5∶53.7	6.9∶55∶38.1	5.1∶53.9∶41	16∶46.6∶37.4	14.6∶52.7∶30.9
2009	0.8∶39.9∶59.3	6.6∶53.9∶39.6	5.1∶51.8∶43.1	14.9∶48.7∶36.4	14.4∶51.2∶34.4
2010	0.7∶42.1∶57.2	6.1∶52.5∶41.4	4.9∶51.6∶43.5	14∶52.1∶33.9	12.8∶54.2∶33
2011	0.7∶41.3∶58	6.1∶51.3∶42.4	4.9∶51.2∶43.9	13.2∶54.3∶32.5	11.9∶54.6∶33.5
2012	0.6∶38.9∶60.5	6.3∶50.2∶43.5	4.8∶50∶45.2	12.7∶54.6∶32.7	11.7∶53.6∶34.6
2013	0.6∶37.2∶62.2	6.2∶49.2∶44.7	4.8∶49.1∶46.1	12.3∶54.6∶33	11.4∶53.5∶35.1
2014	0.53∶34.65∶64.82	5.58∶47.72∶47.6	4.43∶47.7∶47.87	11.48∶53.74∶34.79	10.72∶53.4∶35.88
2015	0.4∶31.8∶67.8	5.7∶45.7∶48.6	4.3∶46∶49.7	11.2∶49.7∶39.1	10.6∶50.3∶39.1
2016					

注:根据统计公报整理。

表 2.5　　　2005—2015 年长江经济带各省市产业结构变动表　　单位:%

年度	湖北	湖南	重庆	四川	云南	贵州
2005	16.6 : 43.1 : 40.3	19.6 : 39.9 : 40.5	15.1 : 41 : 43.9	20.1 : 41.5 : 38.4	19.3 : 41.2 : 39.5	18.6 : 41.8 : 39.6
2006	15 : 44.4 : 40.6	17.6 : 41.6 : 40.8	12.2 : 43 : 44.8	18.5 : 43.7 : 37.8	18.7 : 42.8 : 38.5	17.2 : 43 : 39.8
2007	14.9 : 43 : 42.1	17.7 : 42.6 : 39.8	11.7 : 45.9 : 42.4	19.3 : 44.2 : 36.5	17.7 : 43.3 : 39.1	16.3 : 41.9 : 41.8
2008	15.7 : 43.8 : 40.5	18 : 44.2 : 37.8	11.3 : 47.7 : 41	18.9 : 46.3 : 34.8	17.9 : 43 : 39.1	16.4 : 42.3 : 41.3
2009	13.9 : 46.6 : 39.6	15.1 : 43.5 : 41.4	9.3 : 52.8 : 37.9	15.8 : 47.4 : 36.7	17.3 : 41.9 : 40.8	14.1 : 37.7 : 48.2
2010	13.4 : 48.6 : 37.9	14.5 : 45.8 : 39.7	8.6 : 55 : 36.4	14.4 : 50.5 : 35.1	15.3 : 44.6 : 40.8	13.6 : 39.1 : 47.3
2011	13.1 : 59 : 36.9	14.1 : 47.6 : 38.3	8.4 : 55.4 : 36.2	14.2 : 52.5 : 33.4	15.9 : 42.5 : 41.6	12.7 : 38 : 48.8
2012	12.8 : 0.3 : 36.9	13.6 : 47.4 : 39	8.2 : 52.4 : 39.4	13.8 : 51.7 : 34.5	16 : 42.9 : 41.1	13 : 39.1 : 47.9
2013	12.6 : 49.3 : 38.1	12.6 : 47 : 40.3	8.1 : 50.5 : 41.4	13 : 51.7 : 35.2	16.2 : 42 : 41.8	12.9 : 40.5 : 46.6
2014	11.61 : 46.92 : 41.47	11.64 : 46.15 : 42.24	7.44 : 45.79 : 46.77	12.37 : 50.88 : 36.75	15.54 : 41.22 : 43.24	13.79 : 41.59 : 44.63
2015	11.2 : 45.7 : 43.1	11.5 : 44.3 : 44.2	7.3 : 45 : 47.7	12.2 : 44.1 : 43.7	15.1 : 39.8 : 45.1	15.6 : 39.5 : 44.9
2016						

注：根据统计公报整理。

表 2.6　　　　2015 年长江经济带各省市三次产业结构状况　　单位:%

上海	江苏	浙江	江西	安徽	湖北
0.4 : 31.8 : 67.8	5.7 : 45.7 : 48.6	4.3 : 46 : 49.7	10.6 : 50.3 : 39.1	11.2 : 49.7 : 39.1	11.2 : 45.7 : 43.1
湖南	四川	重庆	云南	贵州	
11.5 : 44.3 : 44.2	12.2 : 44.1 : 43.7	7.3 : 45 : 47.7	15.1 : 39.8 : 45.1	15.6 : 39.5 : 44.9	

表 2.7　　　　　　长江经济带整体三次产业比值变化　　单位:%

2005	14.6 : 41.29 : 44.11
2006	13.33 : 46.39 : 40.28
2007	13.15 : 42.9 : 43.95
2008	11.64 : 39.2 : 49.16
2009	11.57 : 46.85 : 41.58
2010	11.04 : 48.74 : 40.22
2011	8.39 : 49.02 : 42.59
2012	10.32 : 48.28 : 41.4
2013	9.11 : 47.69 : 43.2
2014	9.56 : 46.34 : 44.1
2015	8.3 : 44.3 : 47.4
2016	8.1 : 42.88 : 49.02

2.3.2.3　长江经济带产业发展特征

表 2.8　　　2011—2016 年长江经济带各省市地区生产总值　单位：亿元

年度	上海	江苏	浙江	江西	安徽	湖北
2011	19 195.69	49 110.27	32 318.85	11 702.82	15 300.65	19 632.26
2012	20 181.72	54 058.22	34 665.33	12 948.88	17 212.05	22 250.45
2013	21 818.15	59 753.37	37 756.58	14 410.19	19 229.34	24 791.83
2014	23 567.7	65 088.32	40 173.03	15 714.63	20 848.75	27 379.22
2015	25 123.45	70 116.38	42 886.49	16 723.78	22 005.63	29 550.19
2016	28 178.65	77 388.28	47 251.36	18 499.00	24 407.62	32 665.38
年度	湖南	四川	重庆	云南	贵州	
2011	19 669.56	21 026.68	10 011.37	8 893.12	5 701.84	
2012	22 154.23	23 872.8	11 409.6	10 309.47	6 852.2	
2013	24 621.67	26 392.07	12 783.26	11 832.31	8 086.86	
2014	27 037.32	28 536.66	14 262.6	12 814.59	9 266.39	
2015	28 902.2	30 053.1	15 717.4	13 619.17	10 502.56	
2016	31 551.37	32 934.54	17 740.59	14 788.42	11 776.73	

从表 2.2 至表 2.8 的分析可以看出，长江经济带产业发展和产业结构状况 2005—2016 年表现出了几大特征：

（1）长江经济带经济发展速度突飞猛进

长江经济带 11 省市的国内生产总值由 2005 年的 78 209.12 亿元，增长到了 2015 年的 305 337.43 亿元，以名义价格计算，增长了 3.9 倍。这表明，经过十年的发展，长江经济带发展势头良好，发展速度极快，尤其是第二、第三产业的发展态势良好，增长速度非常快，从而推动了整体经济的飞速发展。

（2）长江经济带产业结构不断朝合理化和高级化方向发展

从表中可以看出，长江经济带产业整体结构在朝着合理化方向发展。2016 年长江经济带三次产业结构比为 8.1∶42.88∶49.02，跟 2014 年 9.56∶46.34∶44.1 的产业结构相比，第三产业产值所占比重有了较大幅度的提升，产业结构由"二三一"调整为了"三二一"格局，产业结构更为合理和优化。但很明显的是，第二产业和第三产业所占比重较大，表明长江经济带经济增长主要依靠第二产业和第三产业的拉动，第二产业仍是主导产业，而第三产业已经在经济体系中占据重要位置。

从纵向角度来看，长江经济带十年发展历程中，产业结构高级化的方向明显。首先，第一产业所占比重持续下降，从2005年占比的14.6%下降到2016年的8.1%，下降幅度达到6.5%，低于10%，第一产业占比下降趋势非常明显；其次，第二产业呈倒U形发展趋势，2005年占比为41.29%，然后占比逐步攀高，到2011年第二产业占比一度达到49.02%，几乎占半。后来随着第三产业的快速发展，第二产业占比有所下降，总体来看呈倒U形发展趋势。最后，随着长江中上游的不断开发和长江经济带城市群的快速发展，长江经济带第三产业发展步伐加快，从2005年的44.11%上升到了2016年的49.02%。由于第一产业整体呈下降态势，而第二产业发展呈波动性，因此长江经济带第三产业发展也呈波动性，但总体来看，是波动上升的，尤其是从2010年至2016年来看，更是上升趋势明显，产业结构高级化方向突出，产业结构不断优化。2015年，更是产业结构优化的转折点，由2014年的"二三一"结构转化为2015年的"三二一"产业结构，整体上进入工业化后期阶段，正在朝着以服务业为主导产业的后工业化时代发展。

数据来源：根据国家统计局公布的各省国民经济与社会发展统计公报整理所得。

表2.9　　　2016年长江经济带各地区产业比例（按产业）　　（单位:%）

地区/产业	第一产业	第二产业	第三产业
长江下游地区（沪、苏、浙）	4.1	41.6	54.3
长江中游地区（皖、赣、鄂、湘）	10.9	45.5	43.6
长江上游地区（川、渝、贵、滇）	12.1	41.8	46.1
长江经济带	8.1	42.9	49
全国平均水平	8.6	39.8	51.6

数据来源：根据国家统计局公布的各省国民经济与社会发展统计公报整理所得。

（3）长江经济带产业集群发展迅猛

产业集群的发展，有赖于宽广的消费市场，良好的产业基础，具有吸引力的文化习俗。长江经济带拥有广阔的经济腹地和众多的人口，消费潜力巨大，加上长久以来形成的工业基础和越来越健全的交通、物流等基础设施，文化习俗也具有强大的吸引力，因此吸引了大量的各类产业在长江流域沿线聚集。产业的聚集又会带来人口的聚集，人口聚集又使得消费市场扩大，从而使产业链条不断扩展，产业再次集中。产业的集中，再度通过前后关联效应，吸引产业集聚，产业集群由此扩大，释放出循环累积效应。

资料显示，长江经济带上中下游地区的产业集群都发展迅猛。长江上游地区的四川，截至 2017 年上半年，已经有超 331 家世界 500 强企业落户四川，也就是说，世界 500 强企业中，已有超五分之三落户四川①。从 1993 年引进第一家世界 500 强企业之后，15 年来，四川每年新进 500 强达 12 家以上。四川成都和重庆依托成渝城市群等重点区域，推动区域互动合作和产业集聚发展，打造成都等内陆开放型经济高地。目前，四川已经形成了软件与信息服务、新型显示与数字视听、集成电路、计算机及外设、宽带通信与网络产品、信息技术装备类及应用电子、电子元器件及材料等产业集群。

重庆两江新区依托内陆新兴市场这一核心优势，已吸引了世界 500 强企业中的 129 家落户。重庆两江新区立足传统优势产业，着力打造汽车、电子信息、高端装备 3 大支柱产业，提出了"5 000 亿汽车、4 000 亿电子、2 000 亿装备"三大产业集群，重点引进龙头企业、配件及高端零部件项目，三大产业保持强劲发展态势②。

长江中游的湖北，产业集群发展态势良好，尤其是湖北省会城市武汉，被国家寄予了很大的期望。2016 年 3 月初，国家发改委、科技部、工业和信息化部联合发布的《长江经济带创新驱动产业转型升级方案》提出，在培育世界级产业集群方面，在新型平板显示、集成电路、先进轨道交通装备、汽车制造、电子商务五大重点领域中，四个以湖北武汉为核心；在十大新兴产业集群中，七个以湖北武汉为核心③。目前，落户武汉的世界 500 强企业达到 241 家，其中有 6 家研发机构。

长江下游的上海地区形成了高精制造业的产业集群。2015 年，财富 500 强企业已有 78 家在上海设立地区总部；有近 60 家跨国公司在沪设立亚太区总部或亚洲区总部；还有大批境外企业的研发机构在浦东、闵行、杨浦、松江、嘉定、宝山等地扎堆入驻。目前，上海已经形成了微电子、汽车、大型电站成

---

① 龚武. 超 300 家世界 500 强企业落户四川，数量居中西部第一 [EB/OL]. http：//finance. ifeng. com.

② 郎清湘. 129 家世界 500 强企业落户重庆两江新区 [N]. 重庆晨报，2015-06-18.

③ 五大重点领域产业集群四个以湖北武汉为核心 [EB/OL]. http：//e. cjn. cn. 2016-3-10.

套设备、精品钢材、精细化工和造船等六大产业集群①。

（4）长江经济带形成了平稳过渡的产业梯度

表2.2至表2.9表明，长江经济带上中下游地区经济发展阶段各不相同，产业发展态势和结构也各不相同。长江上游地区整体经济发展程度较低，尚处于工业化进程中，经济梯度处于中低位置。2015年，四川GDP首次超过3万亿，湖北GDP总值逼近3万亿，云南达到1万3千多亿元，贵州刚刚超过1万亿；而同期的江苏GDP总值7万多亿，浙江GDP总值42 886.49亿元，四川、湖北、云南、贵州等省份的经济发展水平较之长江下游地区还有很长的距离。长江下游的上海市、江苏省和浙江省已经处于后工业化阶段，第三产业所占比重均在50%以上，尤其是上海市服务业在2015年已经达到67.8%，经济比较发达。而长江中游地区处于工业化中期阶段，经济发展水平也介于长江上游和长江下游之间。

从产业结构来看，2014年长江经济带整体产业结构比例为9.56∶46.34∶44.1，处于第二产业占比重高向现代服务业占比提升的发展阶段，如表2-10所示。分地区来看，长江下游的长三角地区，2014年三次产业结构为3.51∶43.36∶53.13，产业结构优化升级效果明显，处于明显的"三二一"产业结构态势，进入后工业化时代；长江中游地区三次产业结构从1992年的32.57∶39.03∶28.40转变为2014年的11.36∶50.05∶38.59，第二产业比重逐年增长且增长幅度较大，第三产业也呈现持续上升的态势，产业结构形成"二三一"的格局；长江上游的成渝地区三次产业结构发展到2014年为12.28∶44.87∶42.85，同长江中游地区相似，也形成了"二三一"格局，但第三产业较长江中游地区来说，发展速度更快。长江上游的四川，2015年，服务业占比才历史性地突破40%，距离长三角地区还有10多个百分点，工业还在三次产业中占据了半壁江山，集中了一大批工业基地和大中型骨干企业，机械电子、汽车、化工、钢铁、食品饮料等行业具有相当的优势，还是地区经济的支柱产业。

---

① 严伟明. 六大产业集群构筑上海工业格局［N］. 中国工业报，2016-11-24.

表 2.10　　　　2014 年长江经济带各地区产业比例（按地区）　　单位：%

地区/产业	第一产业	第二产业	第三产业	生产总值
长三角地区	3.51	43.36	53.13	100
长江中游地区	11.36	50.05	38.59	100
成渝地区	12.28	44.87	42.85	100
长江经济带	9.56	46.34	44.1	100

由此可见，长江经济带内上中下游地区，无论是发展阶段还是产业结构都存在着明显的梯度差。这种经济发展阶段和发展水平上的梯度差异，从另一个角度来说，实际上能够为带域内产业的转移承接、分工和协作提供广阔的空间和基础。

（5）长江经济带加快了对外开放的步伐

随着"两带一路"战略的成熟、不断深化和自贸区的飞速发展，长江经济带对外开放的步伐加快。长江经济带对外开放，主要是以上海为龙头，以成渝地区为龙尾，构筑向亚欧、中非地区的开放格局。长江经济带具有丰富的人力资源，交通设施不断完善，便捷快速，加上雄厚的经济基础，历来是服务外包产业的聚集地。2009 年和 2010 年，国务院批准 21 个中国服务外包示范城市，其中 11 个位于长江经济带。2016 年 5 月，国务院批准在全国新增 10 个服务外包示范城市，其中有 3 个位于长江经济带，这样长江经济带服务外包示范城市数量增至 14 个。2016 年 9 月出台的《长江经济带发展规划纲要》提出，要基本形成陆海统筹、双向开放，与"一带一路"建设深度融合的全方位对外开放新格局。对东的开放要深化，对西的开放要加快。沿海地区已经形成了良好的开放基础，目前要做的就是升级开放型经济，发挥对外开放的引领优势；中西部地区则是打造内陆开放型经济高地，多方融合实现陆海统筹和东西双向开放。

自贸区的设立和发展，也为长江经济带对外开放插上了翅膀。2014 年 9 月上海自贸区正式挂牌，成为东部深度开放的试验区。2016 年 9 月，党中央、国务院决定，在辽宁省、浙江省、河南省、湖北省、重庆市、四川省、陕西省新设立 7 个自贸试验区，其中四川、浙江、重庆、湖北四个省市属于长江经济带范畴，将在对外开放中发挥重要作用。

2016 年一季度，长江经济带沿线省市承接离岸服务外包执行金额约 548

亿元，占全国的 62.5%；承接离岸信息技术外包执行金额 320 亿元，约占全国的 60%。长江经济带沿线 11 个省市的对外非金融类直接投资呈现爆发式增长，总额达 154.2 亿美元，同比增长 210.3%，占全国对外投资总额的近 40%。上海、浙江、四川、江西、重庆、湖北等地的对外投资增幅较去年同期均增长两倍以上。目前已形成了以上海为领头羊，带领长江经济带沿线各地开展投资合作的局面。

以上海为例，2016 年一季度，上海市企业对外投资额为 79.9 亿美元，同比增长 3.4 倍，占全国同期对外投资总额比重的 19.9%，居全国各省区市的第一位。在自身大规模"走出去"的同时，上海市在对外投资合作领域的中介服务、投资促进、市场开拓等方面，积极为长江经济带沿线省市企业提供支持和服务，带动长江经济带企业一同"走出去"。

在中介服务领域，上海市利用国际中介机构的集聚优势，积极为长江经济带企业提供国际化的专业中介服务。比如，为"江西走出去企业战略合作联盟"推荐 20 多家专业服务机构作为其创始成员，为当地企业"走出去"提供支持和服务。

在投资促进领域，发挥各国驻沪贸易投资促进机构的作用，加大促进工作力度，比如，支持澳大利亚驻沪投资促进机构赴南京、杭州、合肥、武汉、长沙、重庆等地宣讲中澳自贸协定，讲解对外投资便利化政策等。支持英中贸易委员会赴武汉、长沙、南京、成都等地举办对外投资研讨活动。

在市场开拓领域，上海市通过与四川等省市政府签署合作协议，鼓励其他省市企业搭船出海。如支持和鼓励上海市米奥兰特商务会展公司利用其搭建的经贸综合促进平台，带动浙江、安徽、江西、江苏省市企业开拓波兰、土耳其、埃及、约旦、哈萨克斯坦、印度和阿联酋等"一带一路"沿线国家市场。

3 长江经济带产业转型升级 SWOT 分析

长江经济带发展是新时期的党中央、国务院从国家战略高度做出的既利当前又惠长远的重大战略决策，是打造我国区域经济新增长极的重要举措，是引领我国创新驱动发展的关键动力，是构建我国现代产业体系的重大契机。在这个重要战略决策之下，产业转型升级和产业结构优化是必然之义。产业升级是产业发展的永恒主题，也是产业不断发展过程中追求的目标。国家已经通过下游地区部分发达省（直辖市）的产业转移不断调整、优化长江经济带产业结构，提升产业竞争力。但由于产业转移存在区位黏着性，产业承接地区受特定发展阶段所具有的吸收能力及其结构等的影响而进展缓慢，地区间产业结构的优化升级、分工与协作仍面临较大挑战，还需要新的举措突破产业转型升级中的约束因素，打造推动产业转型升级的动力机制。

3.1 长江经济带产业转型升级的潜力优势

自 2013 年长江经济带战略开局以来，长江经济带发挥其优势，有了长足发展，成为中国最具潜力的经济发展中心。长江经济带是中国资源富集、经济集聚、城市密集、具有综合优势的经济带、资源带、产业带、城市带和智力带，有其他区域不可比拟的综合优势。

3.1.1 良好的区位优势，吸引产业企业的聚集

长江经济带交通便捷，具有明显的区位优势。一方面长江经济带贯穿我国东中西部腹心地带，将三大地带紧密连接起来，拥有广阔的经济腹地；另一方面长江经济带内的泛长三角城市群、长江中游城市群和成渝城市群还通过京

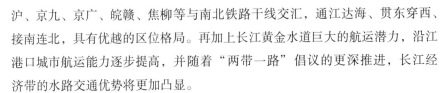

沪、京九、京广、皖赣、焦柳等与南北铁路干线交汇，通江达海、贯东穿西、接南连北，具有优越的区位格局。再加上长江黄金水道巨大的航运潜力，沿江港口城市航运能力逐步提高，并随着"两带一路"倡议的更深推进，长江经济带的水路交通优势将更加凸显。

再从城镇化布局来看，长江经济带起到了横向轴心作用，成为三大城市群的联系担当。我国城镇化规划的大布局是"三纵两横"。两横中的一横就是长江经济带，另一横是陇海兰新线"陆路大通道"；而"三纵"即以东部沿海、京哈京广、包昆通道（从包头经过西安、成都、贵阳到昆明）为三条纵轴。长江经济带刚好处在"三纵两横"骨架中间，起到了横向轴心作用，可以说处在一个非常重要的位置上，在"三纵两横"的框架中起着支撑作用。

如此的区位优势，自然地吸引了大量企业聚集于长江经济带内。

3.1.2 突出的资源优势，为产业转型升级提供基础

长江经济带的资源优势，表现为拥有丰富的淡水资源、矿产资源、旅游资源和农业生物资源，开发潜力巨大。

从淡水资源和水能资源来看，长江经济带淡水充沛，水能丰富。长江流域具有多种形态的地貌结构，其中河流和湖泊等水体占了总面积的约4%，平原占11.3%，剩下的84.7%就是高原、山地、盆地和丘陵地区。由于长江流域内多个省市气候为亚热带季风气候，因此河流流量大，特别是长江径流，年均流入大海的水量约为1万亿立方米，占了全国总体水资源的38%。加上流域内较大的地势落差，也同时造就了丰富的水能资源。长江流域干流和支流的水能理论蕴藏量为全国总体水能资源的40%以上，达到2.75亿千瓦。

从矿产资源来看，长江经济带内矿产资源种类多，储存量大，其中有些矿产资源在全国资源中的地位显著。比如长江上游的四川攀枝花，是国家唯一战略资源创新开发试验区。其原因主要是攀西有丰富的钒钛、稀土、石墨等特色资源，仅攀枝花市境内钒钛磁铁矿保有储量就达237.43亿吨，其中钒资源储量达1862万吨，存储量居国内第一、世界第三；钛资源储量6.2亿吨，居世界第一，并伴生铬、钴、镍、镓等稀贵元素。长江经济带的坞资源占了全国的57.5%，钴资源占了全国的50%，锰占了全国的42.57%，铝资源也占了全国的30%以上。由此可见，长江经济带的确矿产资源丰富。

另外，长江经济带内还拥有全国乃至世界闻名的众多优质的自然和人文旅

游资源。九寨黄龙、青城山、峨眉山、香格里拉、三峡、武当山、庐山，洞庭湖、鄱阳湖、太湖、黄鹤楼、岳阳楼、滕王阁等①，从长江的龙头到龙尾，串起了一条异常丰富的精品旅游路线。这些闻名遐迩的旅游资源，吸引着全国和全世界的游客。目前，长江经济带11省市正在着力打造一体化黄金旅游区域，整合旅游资源，构建长江经济带旅游经济增长点。在长江经济带内还有丰富的生物和农业资源，具有巨大的开发潜力。

3.1.3 雄厚的产业基础，为产业转型升级提供底蕴

长江经济带是世界上最重要的内河经济带之一，历来是我国最重要的工业、商贸走廊之一，也因此聚集了一大批钢铁、电子设备制造、石化、医药制造、水电、交通运输设备制造、汽车机械等现代工业，上海、南京、武汉、成都、重庆等城市在生物医药、航天、自动化和新材料等高技术产业方面的实力也非常雄厚。其中，原材料工业和以交通运输工具、机电设备和电器产品、重型和精密机械、航空航天及国防军工等为主的制造业占全国突出地位。总体来看，长江经济带产业结构布局特征是：中上游地区的优势产业以劳动力密集产业和资源密集型产业为主，科技含量低，处于产业链的低端；下游地区的产业以外向型和高科技产业为主，附加值高，处于产业链高端②。从农业来看，长江经济带大农业的基础地位难以撼动，粮油产量占全国40%以上。

3.1.4 良好的人力资源优势，为产业转型升级提供支撑

作为中华民族文化摇篮之一的长江流域，人才济济，科教文卫等事业发达，具有先进的技术和管理水平。长江经济带的人力资源优势，体现在两个方面：一是带域的上海、南京、武汉、长沙、成都、重庆等中等城市的大专院校、科研院所为长江经济带的建设培养一大批高素质人才。比如长江上游的四川，有高等院校109所，大学毕业生每年都在30万人以上，国家和省部级重点实验室293个、国家和省级工程技术研究中心168个、两院院士62名，专业技术人员287万人；二是长江经济带劳动力丰富，为劳动密集型产业的发展提供便利。第六次人口普查显示，四川常住人口有8 000多万、湖南省有6 737

① 杨春雪. 旅游将成长江经济带建设领头羊 [N]. 文汇报，2014-06-27.
② 王林梅，邓玲. 我国产业结构优化升级的实证研究——以长江经济带为例 [J]. 经济问题，2015（05）：39-43.

万、湖北省有 5 816 万，总之，带域内各省份人数基本都在 5 000 万以上，具有丰富的劳动力资源。

3.1.5 广阔的市场优势，为产业转型升级提供条件

长江经济带内城市密集，人口众多，具有广阔的市场优势。长江经济带内有 5 大城市群，其中泛长三角城市群和成渝城市群更是朝着世界级城市群方向发展。在这些城市群内，共拥有地级及以上城市 110 个。其中，一级中心城市 1 个，即上海市；二级中心城市有 9 个，主要是各省的省会城市，包括南京、重庆、苏州、杭州、武汉、南昌、成都、无锡、宁波、长沙、合肥等；区域性中心城市 12 个，一般城市 19 个，城市体系呈比较明显的金字塔形分布，结构比较合理。2016 年，长江经济带这些大小城市内，聚集了近 6 亿人口，消费潜力巨大，市场腹地广阔，对于国内外投资者来说，具有较大的吸引力。加上上海自贸区、成都自贸区等的成立和丝绸之路经济带、21 世纪海上丝绸之路的汇集，能够有效地带动长江经济带的发展。

3.2 长江经济带产业转型升级的问题劣势

目前长江经济带总体上处于工业化中期阶段，表现为明显的"二三一"产业序列。而分区域来看，长江上游产业是资源型产业结构，中游是劳动力—资源型产业结构，下游是资金—技术密集型产业结构。由于产业结构差异明显，资源要素禀赋差异也较大，因此长江经济带内的空间互补关系较为紧密。近几年来，虽然长江中上游地区都得到了较大程度的发展，但产业发展态势、发展状况和产业结构依然存在着各种问题，短期内还难以解决，这制约着长江经济带整体结构的升级。

长江经济带产业发展和产业结构存在的问题，主要表现在以下几个方面：

3.2.1 产业低端化和产业结构低度化情况突出

产业低端化，可以从三次产业内部构成和产业链角度来看。

3.2.1.1 长江经济带传统产业占比还较重

长江上游地区三次产业中，传统产业还占有较大的比重，而现代农业、高端工业和现代服务业占比还较低，这主要是受到与低经济水平相适应的小规模

分散经营状况的约束。比如四川 2015 年酒、饮料和精制茶，非金属矿制品业，化学原料和化学制品制造业等传统优势行业对工业增长的贡献率超过 50%，规模以上工业增加值增长 7.9%[①]。2015 年贵州省煤电烟酒四大传统行业实现增加 2 069.06 亿元，占规模以上工业比重为 58.3%[②]。

3.2.1.2 上游地区产业链末端行业发育不完善

从产业链角度来看，长江上游地区处于产业链末端的行业发育还不完善，现有企业大多数属于生产资料和初级产业生产。虽然近年来农产品深加工有了一定程度的发展，但跟该区域庞大的农产品供应量相比，精深加工能力还不足。再有，由于多数产业还没能够形成完整的产业链条，已经成形的产业链条长度也不够，因此产业集群的发展受到了制约。

3.2.1.3 产业结构低度化状况明显

（1）长江经济带产业结构低度化的表现

所谓产业结构低度化，就是指产业结构层次整体处于较低状态和低水平，这种低状态和低水平可以从以下几个层次来理解：第一，三次产业比例构成跟其他地区相比，水平比较低，即第一产业占比高，第二产业基本在 50% 以上，第三产业，特别是服务业所占比重小。第二，指三次产业内部各个产业的构成比例跟其他地区相比水平比较低，特别是高端产业的占比低。比如第一产业内部，传统农业是主角，而现代高效农业比例却低；第二产业内部，深加工、精加工工业少，而初级产品生产和一般加工工业比重过大；第三产业内部，传统服务业占的比重大，而金融服务、旅游服务、房地产服务等现代服务业所占比重较小。第三，产业结构低度化是指从整体"产业链"来看，处于产业链初始端的产业，如初加工、原材料产业生产等所占的比重大，附加值低；而处于产业链末端，高附加值的产品生产所占的比重小，比如精深加工工业所占比重小等。另外，产业结构低度化还表现为规模效益差、产业集中度低等特征。

具体来分析长江经济带，可以发现，长江经济带，特别是长江上游产业结构低度化的现象还很突出。在长江上游地区中，第一产业占的比重偏大，第三产业占比同其他地区相比较低，还处于工业化初中期阶段。而且第二、三产业内部还主要由传统产业构成，高端产业和高附加值产业还很缺乏，对经济发展

---

① 关于四川省 2015 年国民经济和社会发展计划执行情况及 2016 年计划草案的报告［EB/OL］. http：//www. sc. gov. cn.

② 2015 年贵州省经济运行情况分析［EB/OL］. http：//www. askci. com. 2016-01-27.

的推动作用还较低。以四川和云南、贵州为例，2015年，四川服务业占比才首次突破40%，贵州44.9%，云南45%，而同一时期，上海服务业占比为67.8%，比四川、贵州、云南高20多个百分点，长江上游产业结构低度化水平明显。

表3.1　　　　2015年长江部分省份产业结构和第三产业状况

省份	产业结构
四川	12.2∶47.5∶40.3
贵州	15.6∶39.5∶44.9
云南	第三产业比重45%
江苏	第三产业比重48%
浙江	4.3∶45.9∶49.8

（2）产业结构低度化制约了长江经济带发展进程的加速

产业结构的低度化是长江经济带产业转型升级和产业结构优化首先要解决的一个问题，因为产业结构低度化不利于长江经济带的经济发展，制约长江经济带经济发展进程的加速。一方面，产业结构低度化，特别是农业占比高，极有可能使工农业发展产生不平衡状况。这种不平衡，一是对于长期以来存在的农业基础薄弱，生产方式落后，劳动生产率低下及城乡差别大等问题不利于解决。二是不能够为工业发展提供充足的、满足条件的生产资料，很有可能制约工业的发展。并且，产业结构低度化阻碍了工业内部各部门之间的发展联系和配套协作，制约了制造业同交通、能源、信息等部门之间的协调发展。三是产业结构低度化，也不利于招商引资引进的产业同区域原有产业之间的相互融合，不利于先进技术的应用、推广和技术的进步。当然，产业结构低度化还阻碍了国民经济发展中经济结构整体优化的进程。

3.2.2　长江经济带不同产业梯度发展悬殊

3.2.2.1　长江经济带形成了三大经济梯队

长江经济带绵延数千里，由于历史原因，造成经济基础和经济发展资源各不相同，长江下游地区凭借先发优势集聚了大量资本、技术、人力以及人才资源，且仍然不断通过极化效应加速；而长江中、上游地区的资本、自然资源和廉价劳动力向该地区非均衡集聚，从而导致经济总量和经济发展水平的地区差距非常大，这种差距在极化效应下逐渐加大，可谓差距悬殊。

从收入水平来划分，可以说长江经济带可以分成三个梯队：上海、江苏、浙江为第一梯队；湖北、安徽、重庆为第二梯队；剩下的四川、云南、贵州、江西、湖南等为第三梯队。数据为证：2016 年上海人均 GDP 为 11.66 万元，江苏人均 GDP 为 9.69 万元，浙江人均 GDP 为 8.49 万元；而沿长江而上，最西部的贵州、云南、四川三省人均 GDP 都在 3 万元上下，四川为 4.00 万元，云南为 3.11 万元，贵州为 3.32 万元。由此可见，这三大梯队之间的发展差距非常大。第一梯队上海的人均 GDP 是第三梯队四川人均 GDP 的 2.915 倍、云南的 3.75 倍，是贵州的 3.51 倍，"长三角"在长江经济带的龙头地位十分突出。

表 3.2   2016 年长江经济带各省市人口、人均 GDP 及增速

	人口 （万）	GDP 总量 （亿元）	人均 GDP （万元）	增速 （%）
全国	138 271	744 127.2	5.40	7.4
上海	2 420	28 178.65	11.66	7.0
江苏	7 999	77 388.28	9.69	7.5
浙江	5 590	47 251.36	8.49	6.8
安徽	6 196	24 407.62	3.96	7.7
江西	4 592	18 499.00	4.04	8.4
湖北	5 885	32 665.38	5.57	7.5
湖南	6 822	31 551.37	4.64	7.3
重庆	3 048	17 740.59	5.85	9.6
四川	8 262	32 934.54	4.00	7.0
贵州	3 555	11 776.73	3.32	9.8
云南	4 771	14 788.42	3.11	8.0

数据来源：国家统计局。

3.2.2.2 经济梯队内发展不平衡现象严重

长江经济带不仅形成了三大经济发展梯队，而且各经济梯队内部不平衡现象也非常严重。比如四川，一个很突出的问题，就是区域发展不平衡。成都是"一城独大"。成都的经济总量占了四川的 1/3，城市首位度 2013 年是 6.2，

2016 年城市首位度更是高达 6.6。换句话说，GDP 排名第二的绵阳仅占了成都市 GDP 总量的 1/6 不到，而甘孜州的 GDP 仅为成都市的 1/45，阿坝州是 1/39。所以，在四川，成都已经进入工业化后期，但是还有 11 个市是工业化中期阶段，9 个市州是工业化初期阶段。这种现象，在长江经济带也不唯四川一省，湖北的武汉也是"一枝独大"。2016 年，武汉延续了前两年的城市首位度，依然是 3.2；长沙城市首位度略低于武汉，但也达到了 3。

表 3.3   2016 年成都、武汉、长沙城市首位度

成都 GDP（亿元）	12 170.23	武汉 GDP（亿元）	11 912.61	长沙 GDP（亿元）	9 323.7
绵阳 GDP（亿元）	1 830.42	宜昌 GDP（亿元）	3 709.36	岳阳 GDP（亿元）	3 100.87
成都城市首位度	6.6	武汉城市首位度	3.2	长沙城市首位度	3

注：数据来源于统计公报。

3.2.3 长江经济带产业发展同构化现象突出

3.2.3.1 产业同构化的含义

所谓产业同构，是指在一定的经济带域内，不同地区的产业类型和产业层次存在高度相似性的情况。产业趋同，一方面表现为各地区专业化程度下降，各产业布局存在明显重复；另一方面表现为整体上的三次产业结构相似度高。造成产业趋同的原因，主要是由于各个地区在国民经济的运行与发展中，没有依据本地的比较优势和资源禀赋状况来选择性地发展不同特色的产业，背离了区域产业合理分工、配套协作的规律，追求相对完整的产业体系，从而导致"大而全""小而全"、自我循环、自我封闭的趋同型产业结构。

3.2.3.2 产业类型和层次趋同的利弊

产业趋同或者产业同构化，对区域经济发展有很大的影响。这种影响，可以从利弊两个方面来看：从有利的方面来看，产业趋同具有三个方面的积极作用：一是有利于产业发挥集聚效应。近几年来，随着科学技术的发展和国际化市场的建立和完善，特别是各国都设立了自贸区，大大降低了区域间的贸易壁垒，促进了技术、资本等生产要素在国际之间、区域之间的流动，提高了要素流动自由度，这就使原来以比较成本和资源要素禀赋差异为基础的国际产品分工和贸易，转化为资本、技术等在国际间和区域间的流动转移，国际贸易也实现了由产业分工为主向要素分工为主的转换。这就使各个国家可以根据自己的产业优势，专注发展产品价值链的某个环节，精耕细作，也有利于该环节上产

业的聚集。二是有利于产业分工的精细化。在充分竞争的市场条件下，产业同构，可以形成产业集聚，发挥规模优势，同时使产业内部分工细化，产业链延伸，促进产业跨区域贸易。长江经济带内的各省市也可以通过加强产业联系、实施内部纵向专业化分工和产业内贸易，成为具有产业集群一体化大产业，并加强同一产业差异化、专业化分工和紧密联系。而且产业结构同构化也为以后区域规模化合作提供了条件。

当然，产业同构化被重视更在于其存在的不利的方面。产业同构化或者说产业趋同造成的不利影响，主要体现在以下几个方面：一是产业同构，造成产业结构趋同，这同区域经济发展一体化和协同建设的核心问题相背离，造成了长江经济带内各区域之间产业同质化竞争。比如长江经济带内的汽车产业在四川、武汉、重庆等都有相当的发展，这三地也就形成了对长江经济带内外汽车市场的激烈争夺，不利于长江经济带的协同发展和建设。二是产业趋同，不利于要素的流动和统一市场的形成。长江经济带内缺乏合理的产业分工和产业错位发展，也就缺乏产业协作，各个地区需要的产业发展要素相似，对产业要素的争夺也很激烈，不利于资源和要素在带域内的自由流动，难以促进各经济体的合作与竞争，也就难以形成统一开放、竞争有序的大市场。三是产业趋同造成资源的浪费，降低整体经济效益。一些区域产业趋同和产业结构同构，是由于受到政策导向和利益获取的驱使。在行政分割背景下，各行政主体受政绩导向和利益驱动，出台各项优惠政策引导产业布局，使产业过度集中于高增加值、利税丰厚产业，导致重复投资、重复建设，如各地区公路、铁路等基础设施重复建设，从而出现资源的浪费，降低整体经济效益。四是产业类型趋同掩盖了各地资源禀赋条件存在的差别，降低了区域整体资源利用的经济效益。

3.2.3.3 长江经济带产业趋同的状况

长江经济带产业类型和产业层次趋同主要表现为以下方面：一是产业趋同导致产业结构同构化。长江经济带是我国重要的工业走廊，集中了一大批产业集聚区和特大型企业，汽车产量占全国的40%，家电占60%，微型计算机占80%，钢材占30%，建材占40%。王林梅、邓玲利用产业结构相似系数计算，得出结论：长江经济带各省区间工业结构具有相当程度的趋同现象，区域特征明显[1]。有学者测算下来，长三角地区、长江中游地区产业结构相似系数接近

---

① 王林梅，邓玲. 我国产业结构优化升级的实证研究——以长江经济带为例［J］. 经济问题，2015（05）：39-43.

1，而产业结构差异系数接近 0，说明产业相似度非常高。成渝地区产业同构化现象也很明显，主导产业基本上都集中在石油和天然气、电力蒸汽热水生产和供应、烟草加工、食品加工、黑色金属等产业上。根据有关研究，浙江（杭州、宁波）、上海、江苏两省一市三次产业的结构相似系数都在 0.93 以上，平均值达 0.98。宁波、杭州、江苏三地的产业结构相似系数更高，达到0.98 以上。江苏和上海的工业结构相似程度越来越高，2004—2011 年连续 8年工业结构平均相似系数达到 0.885 6。

二是制造业趋同性非常高。在长江经济带 11 省市的各类产业中，制造业结构相似系数尤其高，超过了 0.7。长江下游的上海、江苏、浙江两省一市中，占比重最大的 12 个制造业部门，上海与浙江、江苏有 10 个制造业部门相同；浙江与江苏有 11 个制造业部门相同。长江上游的重庆和下游的上海制造业相似系数更是高达 0.89。

三是各省市内部产业趋同现象也非常明显。江苏沿江 8 市就有 20 多个化工园区，其中 60%分布在沿江两岸。安徽省尤其是皖江示范区无论是与内部还是与沿江其他区域间的主导产业都大致相同，同质化竞争激烈。江苏和浙江曾经 16 个城市中 12 个城市发展电信、11 个城市制造汽车、8 个城市搞石化，现在各个城市都在集中发展高新技术园区、创意产业园、物流园区、中央商务区，如安徽有"中俄两江地区合作"，湖北有"武汉经济协作区"，成渝有"成渝经济区"，贵州也有自己的"生态文化旅游发展规划"等；缺乏产业功能区划和合理科学空间布局，使得下游的长三角地区在用地、能源、环保约束条件下，资源短缺与浪费、环境污染并存。

表 3.4　　　　　　　长江经济带产业相似系数较高区域情况

区域		2000 年	2005 年	2010 年	2012 年	平均值
中游地区	鄂/湘	0.845 9	0.823 6	0.772 4	0.788	0.810 6
下游地区	鄂/皖	0.879 3	0.857 8	0.862 8	0.852 6	0.832 2

表3.4(续)

区域		2000 年	2005 年	2010 年	2012 年	平均值
上游—中游地区	湘/赣	0.922 1	0.931 9	0.857 3	0.832 6	0.880 9
	湘/皖	0.885 8	0.909 6	0.881 1	0.835 6	0.880 3
	赣/皖	0.894	0.891 6	0.826 5	0.774 6	0.848 3
	苏/浙	0.936 9	0.815 9	0.858 5	0.857 5	0.867 3
	苏/沪	0.846 1	0.917 5	0.902	0.863 3	0.885 6
	川/鄂	0.783 9	0.852 6	0.822 7	0.866 1	0.818 6
	川/湘	0.756 5	0.882	0.874 9	0.852 8	0.844 9
	川/皖	0.827 6	0.885 1	0.802	0.833 7	0.853 5
	渝/鄂	0.810 2	0.870 9	0.887 8	0.814 9	0.802 9

　　四是各地产业规划也有同构化现象。长江经济带 11 省市中，将电子信息列为主导产业的有 9 个，将汽车、石化、装备制造列为主导产业的有 6 个。产业的同构化造成同质化竞争，降低了区内外协作效率。

表 3.5　　　　　　　　长江经济带产业结构相似系数

地区	系数	地区	系数	地区	系数	地区	系数
上海—浙江	0.70	浙江—江苏	0.86	湖北—贵州	0.73	长三角—长江中游	0.83
上海—江苏	0.86	安徽—江西	0.81	重庆—四川	0.74	长江中游—长江上游	0.93
上海—重庆	0.89	湖北—湖南	0.78	贵州—云南	0.83	长三角—长江上游	0.85

　　分时间段来看，20 世纪 80 年代末到 90 年代各地竞相上马的项目涉及烟酒、棉纺、手表、彩电、冰箱、汽车、石化等。而到现在，各地的支柱产业大都是通用机械、化工医药、建筑建材、食品、能源等部门，现代种植业和畜牧业则占了大农业的主要比重。长江经济带沿岸集中布局了钢铁、石化、汽车、机电、建材等一批重点产业项目，产业比重较大，其中钢铁产量占全国的36%，汽车和石化产量都超过全国的40%。以汽车工业为例，长江经济带内的上海、武汉、重庆、南京、芜湖、南昌、成都等地，几乎都把汽车工业作为重点发展的产业。

表 3.6 湖北等四省份重点发展产业

	湖北	湖南	江西	安徽
重点发展产业	新一代信息技术产业	信息产业	光伏产业	电子信息产业
	高端装备制造产业	文化创意产业	民用航空产业	高端装备制造
	新材料产业	新材料产业	新材料产业	新材料产业
	节能环保产业	节能环保产业	节能环保产业	节能环保产业
	新能源产业	新能源产业	新能源产业	新能源产业
	新能源汽车产业	生物产业	新动力汽车	新材料产业
	生物产业	先进装备制造	生物医药	生物产业
				公共安全产业

表 3.7 川渝支柱产业

地区	支柱产业					
四川	电子通信	医药化工	金融	机械冶金	水电	饮料食品
重庆	电子信息	医药化工	金融	装备制造	汽车摩托	新型材料

四川省支柱产业经历了多次选择调整，但水电、电子通信、机械冶金、医药化工、饮料食品五大产业一直在支柱产业体系内，同时金融业在"十二五"规划中也被纳入支柱产业。对于重庆来说，电子信息、汽车摩托、装备制造、新型材料、医药化工等也一直是重庆市的支柱产业。而同样在 2012 年，重庆市市长黄奇帆也指出，金融业已发展成为重庆的支柱产业①。从表 3.7 中可以看出，在川渝两地的确定的支柱产业中，雷同度高达 50%，产业结构趋同现象较为突出，不利于资源的整合。

3.2.3.4 长江经济带产业趋同的原因

长江经济带产业趋同有一定的原因：一是历史原因造就产业趋同。长期以来，长江经济带并没有形成统一的带域经济，近几年也是在长江上中下游各自发展中，形成了相对独立的城市圈层，比如长三角城市圈、武汉经济圈、成渝城市群等，这些城市群在群内有一定的分工协作，但就长江经济带来说，还没有形成统一开放的大市场。也就是说，长江经济带还没有形成健全的生产力布

---

① 黄奇帆. 金融业已发展成为重庆的支柱产业 [EB/OL]. http：// www. huaxia. com.

局管理体制和运行机制，在区域生产布局和结构安排方面缺乏统筹安排和综合平衡，导致行业与行业之间、地区与地区之间进行了很多不必要的重复建设，而这种重复建设又会引起带域内资源型企业、粗加工型企业之间低水平、小规模的过度竞争。加上行政分割，产业追求"大而全"的现象也就依然是一个问题。二是要素禀赋原因造就产业趋同。长江经济带内一些资源禀赋，比如气候、地理、矿产、植被等基本相同，产业发展的平台和条件也存在着很大的相似性。加上省市之间行政区划的分隔，使各省市在自然资源禀赋基础上形成了相对独立封闭的经济体系。既然自成体系，"小而全"的发展思路就是必然的结果，从而导致产业选择趋同，造就产业结构相似。三是各省市行政区划的分割和对各自利益的追求造就产业趋同。长江经济带 11 个省市，形成了条块分割。每个省市都有自己的政绩要求和利益要求。在经济发展过程中，由于各地都只站在自身利益的角度考虑问题，经济带内缺乏统一规划和协调，各地方政府不注重结合本地的资源禀赋、劳动力、资本、技术等生产要素发展具有地方特色的优势产业，而是盲目追求短期内获得巨大收益的产业。市场经济的核心是资源，包括资金资源、技术资源、人力资源等能在市场上自由流动和在更大的空间体系上合理配置，但政府行政区划的分割和各自对政绩、利益追求的状况，各自自成体系，各自发展，往往很难考虑经济带整体发展的要求，而从地方经济发展和自身经济利益要求出发，共同上马一些短平快的工业项目，重复投资、重复建设，最终导致产业趋同。这种产业同质化难以深入发展产业分工与协作，也不能形成良好的阶梯层次和产业链条，反而加剧了竞争，形成恶性循环。

总之，区域产业转型升级，特别是带域内产业结构优化升级，应该是产业同构弱化的过程。长江经济带产业转型调整应该认真分析带域内产业态势和产业结构趋同的现象。当然，长江经济带由于战线长，涵括范围广，在整个长江经济带内都实现产业的差异化布局是不现实的，但至少在上中下游三大板块或者说三大梯队中要尽量消除产业同构化，再分大层次的产业差异化布局，真正做到各区域都能发挥优势，协同发展，加速带域经济的整体增长，尽快打造新的经济增长极。

3.2.4 长江经济带产业空心化现象凸显

3.2.4.1 产业空心化的含义

何谓产业空心化？所谓产业空心化本质是区域内缺乏高生产率和高效率的

新兴产业，而当区域内产业由于资源供给、资本投入、技术人才等从区域原有空间逐渐消失或者转移，从而使区域产业面临着退出行业或者市场的危险。在经济发展过程中，极有可能会因为原有的产业逐渐衰退甚至消失殆尽，而新的产业又没有及时得到有效培育和充分发展，致使产业消失的缺口补不上，从而出现了产业内部空虚、衔接不上的情况，就是出现了所谓的产业空心化。

3.2.4.2 产业空心化的影响

产业空心化会对区域经济发展带来不利的影响。这些影响主要体现在以下几个方面：一是产业空心化会导致区域居民生活水平的降低。如果一个区域产业衰竭、枯萎、移出，又缺乏新的产业，则会使该区域的就业形势变得异常严峻，大量的人员将缺乏就业岗位；失去就业岗位的人员就会失去收入来源，在社会保障不完善、不健全的情况下，很多人的生计也就出现了问题，生活水平也就降低了。二是产业空心化将直接使地方财政收入降低。产业是经济的基础，缺乏产业的支撑，也就缺乏产业的实施主体——企业，没有企业的运营，财政一般性预算收入年增长率就很低，财政收入在缺乏新的产业注入和发育的情况下，将逐年萎缩，城市萧条，最终甚至可能使政府和城市破产。国内外资源型产业城市的衰败，如美国的底特律、英国的兰开夏、我国的东川就是典型的案例。

东川市属于云南省，在距昆明市东北方 150 千米外的乌蒙山区，那里有美丽的红土地风光，还有泥石流博物馆。由于东川的铜矿丰富，这里很快就成为古代中国历代王朝钱币的原料产地，东川铜也被称为"京铜""云铜"。为表彰东川对王朝的贡献，清乾隆皇帝更是御赐"灵裕九寰"的牌匾。据考古资料记载，早在殷商时代，东川就开始铸造青铜器，并得到广泛应用，也成就了中国享誉海内外的青铜文化。公元 4 世纪，东川生产的白铜已引领世界潮流。

因为铜，东川 1958 年建立地级市，由云南省直辖，是当时最小的地级市。1952 年 12 月 12 日，东川矿务局正式成立。当年的东川矿务局就设在汤丹，其繁华远超昆明。"当年能够作为矿上的子弟是很牛的，当矿工是许多人一辈子最向往的工作，找对象都要好找一些。"但是由于长期的铜矿开采、伐薪炼铜，整个东川地区的生态遭到严重损坏，青山破碎，洞老山空，滑坡、土壤沙石化和泥石流等多种地质灾害严重制约着东川的可持续发展。经过半个世纪大规模的开采，东川矿务局资源枯竭，2001 年宣告关闭破产，东川市政府也资不抵债，成为当时全国唯一的地级贫困市，依托矿山的东川市被迫撤销地级市建制，随后被国家列为第二批资源枯竭型城市。东川矿务局宣告关闭破产，全东川区接近一半的人没了饭碗。2004年，当地曾出现高达40.2%的城镇登记失业率（国际失业率标准警戒线为7%）。2013年12月3日，国务院在京召开新闻发布会，公布了《全国资源型城市可持续发展规划（2013—2020年）》（以下简称《规划》）。《规划》把262个资源型城市划分为成长型、成熟型、衰退型和再生型四种类型，明确不同类型城市的发展方向和重点任务，引导各类城市探索各具特色的发展模式。按照分类，东川被列入衰退型城市（共67个）。所谓的衰退型城市，是指资源趋于枯竭、经济发展滞后、民生问题突出、生态环境压力大的城市，是加快转变经济发展方式的重点难点地区。对于这样的城市，唯一的发展路径就是进行产业转型升级，才能使地区焕发新的活力。

3.2.5 长江经济带产业关联度低问题严重

区域经济的发展，要求区域内产业根据区域环境、资源要素禀赋、劳动力地域分工情况等进行围绕主导产业链进行选择布局，并依赖产业聚集效应，促进产业链条的完善。在形成一定的极点后，带动区域内其他产业的发展，进而最终促进区域经济发展。但在现实中，长江经济带，特别是长江上游地区的主导产业的选择却没有完全依据产业发展规律选择布局，产业关联度低，对其他产业带动效果差。产业布局总体呈现较为分散的态势，缺少资源高度整合、生产高度集约的世界型优质战略产业基地，长江上、中、下游之间也尚未形成一体化的交通运输体系、资源共享体系和商业互助体系，长江经济带的整体竞争优势还没有完全发挥。

长江上游产业关联度低是有一定的历史原因的。中华人民共和国成立以后，国家实施以战备为指导思想的大规模国防、科技、工业和交通基本设施建设，客观上使长江上游的工业得到了发展。但由于这些工业企业为直接"嵌入式"布局，并不是根据当地经济发展水平和发展阶段，自主地培育、发展、壮大，因此，这些工业企业跟本地传统产业的关联度低，发挥不了辐射带动作用。另一方面，这些"嵌入式"实体企业，多是重化工业，具有投资大、积累慢、建设周期长、扩散效应小、可以自身循环等特点。而且就其他工业本身而言，能耗高，加工链短的产业所占的比重大，而下游产品精深加工的部门比重小，因此，经济效益也较低，也不利于带动该区域其他产业的同步发展。此外，部分"嵌入式"企业实体在选址时，考虑到战备特点，放在了远离都市的深山区域，自然不能发挥聚集的经济效益。

3.2.6 长江经济带产业布局合理性有待提高

产业布局通常是指一个国家或地区的产业生产力在一定范围内的空间分布和组合结构，是国民经济各部门发展运动规律的具体表现[①]。产业布局的目的，就是合理利用区域资源，寻求产业空间组织形式的最佳结构。产业布局是否合理，直接影响到区域资源优势的发挥，关系到产业发展的聚集效益、规模效益、关联效应等的发挥，从而影响区域经济产业竞争力的构筑，影响区域经济发展速度。对于带域经济发展来说，产业布局一体化和布局结构优化是产业发展的重点。在2014年9月国务院发布的39号文件《国务院关于依托黄金水道推动长江经济带发展的指导意见》中，也提出了从整体上优化长江经济带产业布局问题，指出"引导产业合理布局和有序转移，培育形成具有国际水平的产业集群，增强长江经济带产业竞争力"。但目前，从总体上看，长江经济带产业总体布局不尽合理。一是各地产业优势不够突出。长江中上游地区拥有资源优势，但未能形成发挥资源优势的特色产业；而拥有加工能力的长江下游地区又因为缺乏资源的支撑而发展后劲不足，上海市的带动作用也未能充分发挥。二是产业布局各自为政。自20世纪80年代以来形成的行政分割，长江经济带上中下游或者东西板块长期缺乏一体化发展思路和路径，导致产业布局各自为政。各地政府都是站在地域经济发展角度考虑产业布局，没有从流域经济发展角度来进行整体分工布局，从而重复建设现象大量存在。在长江经济带内，形成的长三角经济圈、安徽的皖江经济带、湖北的武汉城市圈以及四川、重庆的成渝经济区，各自封闭运行，产业体系各成一套，分割了长江经济带这个总体的宏观战略，各自长久以来形成的产业布局和发展规划，也割裂了产业经济带产业一体化发展格局。长江上中下游的产业链没有按照分工来实现有效对接和产业互动，协调发展，导致长江上中游的产业发展缺乏资金、技术支撑，下游的产业发展缺乏资源支撑，从而整体产业发展还比较落后。三是产业布局分散，合理性较为缺乏。调研发现，长江上中下游的产业发展载体——企业布局存在组织性不高，布局较为混乱的情况。企业在布局选址上，基本依赖经验，集中布局在交通沿线，特别是铁路沿线，对交通条件过度依赖，也造成

---

① 王双进，路剑. 产业经济学 [M]. 北京：电子工业出版社，2013：131-134.

了交通运输设施的负担，特别是增大了对铁路运输的负担。

长江经济带产业布局不尽合理的原因，主要有几个方面：一是历史原因。长期的分割发展，造成了产业布局的分割性。二是各类企业布局随意。乡镇企业以行政区域为布局点；一些企业有特权，随意布局；因为资源开发而任意布局；国企布局也较为随意等原因，造就了产业布局的随意性和缺乏合理性。

3.3　长江经济带产业转型升级的制约因素

长江经济带产业转型升级是带域内转变经济发展方式的根本途径，长江经济带产业需要进行转型升级，也已经是不争的事实，尤其是长江经济带产业发展所存在的诸多问题，更是倒逼长江经济带产业转型升级。但长江经济带产业转型升级并不是一蹴而就的事，是一个长期的过程。长江经济带产业转型升级，首先要分析其制约因素，从而有针对性地构建动力机制和产业转型升级措施体系。长江经济带产业转型升级受到众多因素的制约，这些制约因素主要体现为：体制机制不健全、行政规划的人为分割、协调机制的欠缺、传统发展观念的钳制、区域市场化发育程度较低、区域产业创新能力和转型升级动力不足、产业链等级偏低等。这些制约因素的存在，制约着区域产业要素的自由流动，制约着产业的分工协作，使产业转型升级缺乏动力，从而制约着长江经济带产业竞争力的提升和一体化市场的构建。

3.3.1　低的城镇化率和高的贫困发生率，使产业转型升级缺乏内生力

长江经济带整体的城镇化水平不高，城镇化率偏低。大农业长久以来的基础地位，老、少、边、穷地区占比高，贫困化趋势明显等，成为长江经济带产业转型升级的一个突出制约因素。一是城镇化水平不高。虽然长江下游地区城镇化率并不低，在中游和上游也形成了一定的城市群和集聚态势，但整体来看，从长江经济带全域来看，城镇化率却并不高，可以说还比较低。从表 3.8 中可以看出，2016 年，长江经济带 11 省市中，长江下游上海、浙江、江苏省市的城镇化率高于全国平均城镇化率，尤其是上海城镇化率位居全国第一位。但长江中上游的 8 省市中，只有湖北、安徽和重庆略高于全国平均水平，余下的五个省市都低于全国平均水平，尤其是四川、贵州、云南三个省的城镇化率距离全国平均水平还有相当的差距。平均下来，长江经济带城镇化率平均水平

为 58.68%，和其他区域，比如珠三角、京津冀地区等还有差距。

表 3.8　　　　　2016 年长江经济带内各省市城镇化率

全国	57.35%	重庆	62.60%	湖南	52.75%
上海	87.90%	湖北	58.10%	四川	49.21%
江苏	67.72%	安徽	57.99%	云南	45.03%
浙江	67.00%	江西	53.10%	贵州	44.10%
长江经济带平均城镇化率			58.68%		

　　二是长江经济带贫困发生率偏高。长江流域历来是我国多种大宗农产品的主要生产基地，大农业地位突出。但随着改革开放的深入和三次产业结构的调整，农业在三次产业中所占比重下降明显。农业地位的下降，一方面影响以农业为生的农民收入的增长，特别是对农业大省的影响，比如对湖南、四川、云南等省的影响犹大。统计数据显示，长江经济带 11 个省市中，1978 年农民人均纯收入的全国排序中，上海、江苏、浙江、安徽、湖北 5 个省市的农民人均纯收入有所上升，而其他 6 个省市的农民人均纯收入都不同程度地有所下降，其中湖南、四川和云南三省下降最多。从 2016 年农民平均人均纯收入来看，重庆、安徽、湖南、四川、云南、贵州、江西 7 个省市的农民人均纯收入低于全国平均水平，尤其是云南和贵州农民人均纯收入更是靠后，仅八九千元，比国家平均线低了三四千元。长江下游的上海、浙江、江苏则远高于全国平均水平，湖北稍高于全国平均水平。很显然，长江经济带呈两极分化态势。

　　这种态势会对贫困地区的快速脱贫产生不利影响，更影响长江经济带整体的产业升级。在全国 14 个连片特困区中，长江经济带分布有 313 个特困县，约占全国特困区县总数的 46.23% 和特困区面积的 24.3%，均高于长江经济带县域总数和土地总面积占全国的比例（37.83%，20%）。对于这些贫困区域来说，如何脱贫是第一要务，因此，对于产业转型升级也就很难兼顾和涉及。加上致贫原因，多与缺乏产业支撑有关联，产业基础就很薄弱，因此，谈产业转型升级就很勉强。

表 3.9 　　　　　　　2016 年城镇居民和农民人均收入　　　　（单位：元）

地区	城镇居民人均可支配收入	农民人均可支配收入	地区	城镇居民人均可支配收入	农民人均可支配收入
全国	33 616.2	12 363.4	湖北	29 385.8	12 725.0
上海	57 691.7	25 520.4	安徽	29 156.0	11 720.5
浙江	47 237.2	22 866.1	江西	28 673.3	12 137.7
江苏	45 101.6	17 605.6	云南	28 610.6	9 019.8
湖南	31 283.9	11 930.4	四川	28 335.3	11 203.1
重庆	29 610.0	11 548.8	贵州	26 742.6	8 090.3

3.3.2 跨区域生态补偿机制的缺乏，使产业转型升级缺乏拉动力

长江是中华民族的母亲河，也是最大和最重要的淡水资源库，长江经济带的生态保护责任重，压力大。习总书记曾指出，长江拥有独特的生态系统，是我国重要的生态宝库。当前和今后相当长一个时期，要把修复长江生态环境摆在压倒性位置，共抓大保护，不搞大开发①。但历史原因造成了长江流域环境问题严峻。一是一直以来，作为黄金通道的长江，担负着重要的化工物流任务。长江航务管理局资料显示，长江作为水源地，沿线化工产量约占全国的46%，长江干线港口危化品吞吐量已达 1.7 亿吨，生产和运输的危化品种类超过 250 种。一旦在运输过程中发生泄漏事件，后果将难以设想。二是在长江沿岸及支流布局了诸多港口及工业化城市。这些工业化城市在初期发展过程中，布局发展了大量的有色金属、钢铁、机械制造、化工等高污染、高耗能、高排放的产业，已经在运行过程中对长江沿岸造成了较为严峻的水污染、土壤污染和大气污染。三是三峡工程的建成和运行，在对防洪、航运、发电起到了巨大作用的同时，也导致中下游地区水文情势发生重大改变，对正常供水和江湖关系的维持构成了挑战。大量泥沙淤积在库区内，出库含沙量大幅度减少，清水下泄引起大坝下游干流河床普遍冲刷，还引发部分河岸崩塌。此外，每年春夏季节，水库库湾及支流回水区均出现严重的蓝藻水华现象。四是在世界和中国的四次产业结构升级浪潮中，东部沿海地区和国外的一些高耗能、高排放产业

① 周慧. 长江经济带建设思路现重大调整，生态环境居压倒性位置 [EB/OL]. http：//finance. sina. com. cn. 2016-01-08.

以及低端制造业陆续向中西部欠发达地区转移，而中西部地区在承接这些产业转移时，可能更多地考虑经济发展，以牺牲环境为代价换得经济加速增长，从而造成严重的环境污染并诱发生态危机。这些问题都严重威胁着长江经济带的健康发展。

目前，国家深刻地意识到了长江经济带生态保护的重要性，国家领导人，如习总书记、李克强总理等在多个场合提及对长江经济带的生态保护，提出要把改善长江流域生态环境作为最紧迫而重大的任务，加强流域生态系统修复和环境综合治理，大力构建绿色生态廊道。国务院也已经出台了若干意见，比如在2015年年底发布的《中共中央关于制定国民经济和社会发展第十三个五年规划的建议》（以下简称《建议》）中，已有所体现。《建议》称，要推进长江经济带建设，改善长江流域生态环境，高起点建设综合立体交通走廊，引导产业优化布局和分工协作。长江经济带建设的思路已发生明显变化，从过去强调"黄金水道""立体交通走廊"建设，到强调"绿色发展"。

2016年9月，《长江经济带发展规划纲要》正式印发，提出要以沿江主要城镇为节点，构建沿江绿色发展轴，并提出了具体目标：到2020年，生态环境明显改善，水资源得到有效保护和合理利用，河湖、湿地生态功能基本恢复，水质优良（达到或优于Ⅲ类）比例达到75%以上，森林覆盖率达到43%，生态环境保护体制机制进一步完善。到2030年，水环境和水生态质量全面改善，生态系统功能显著增强，上中下游一体化发展格局全面形成，生态环境更加美好、经济发展更具活力、人民生活更加殷实等。在这个目标之下，《长江经济带发展规划纲要》还明确了要做好四方面工作：一是保护和改善水环境，重点是严格治理工业污染、严格处置城镇污水垃圾、严格控制农业面源污染、严格防控船舶污染。二是保护和修复水生态，重点是妥善处理江河湖泊关系、强化水生生物多样性保护、加强沿江森林保护和生态修复。三是有效保护和合理利用水资源，重点是加强水源地特别是饮用水源地保护、优化水资源配置、建设节水型社会、建立健全防洪减灾体系。四是有序利用长江岸线资源，重点是合理划分岸线功能、有序利用岸线资源①。

长江经济带发展目标和工作任务已经摆在这儿，这些都直指长江经济带的产业升级，要求长江经济带调整产业结构，发展绿色产业。很显然，这个要求

经济新常态下长江经济带产业转型升级研究

---

① 《长江经济带发展规划纲要》印发 提出构建沿江绿色发展轴［EB/OL］. http：//m. hexun. com. 2016-09-12.

对于长江上游地区发展更是难度加大。可是长江上游地区又是欠发达地区，在环境治理方面缺乏资金和政策支持，有时地方政府还因为需要良好的经济效益作为重要政绩，而降低招商引资中的环境准入门槛，因此有必要建立起合理的转移支付机制。但是，在实践中，跨区域的公共物品的治理成本在分摊上很难达成一致。对于欠发达地区来说，面对经济增长和环境保护两相权衡取舍的难题，且一旦做出牺牲经济发展，保护生态环境，受益者不仅是本区域的人民，还包括中下游地区的人民，因此如果缺乏生态补偿机制，一方面欠发达地区缺乏环境保护的能力；另一方面又会觉得不公平。而对于发达地区来说，虽然有认知有能力保护生态环境，但是对欠发达生态保护区又缺乏生态补偿的动力。实际上，从整体上来说，长江流域生态保护并不是一省一市的事，它是一项涉及面广的综合系统工程，需要下游生态收益地对上游生态保护地做出的努力通过转移支付的形式给予补偿，并敦促长江中上游地区通过产业转型升级来实现对生态环境的保护。总之，长江上中下游地区必须建立起跨区域的生态补偿机制，打破行政区划壁垒和界限，上中下生态防控联动、联治，统筹协调长江流域生态保护，共同发挥作用，共同为建立长江沿线绿色廊道贡献力量。

3.3.3 区域创新能力不足，使产业转型升级缺乏推动力

新时代的产业转型升级，要实现由要素驱动向创新驱动转换，产业向研究、设计、营销、品牌培育等高附加值领域延伸。这就对各省市的创新能力和创新氛围构建提出了新要求。但对于长江经济带，尤其是对长江中上游地区来说，创新还是一个亟待突破和发展的难题。一方面，财政能力不足，制约了长江中上游地区政府对创新的前期投入。长江中上游地区，特别是上游地区，地方政府的财政能力有限，很难大规模地对创新进行前期投入。而越是经济不发展，越希望发展经济，因此对"GDP"的追求依然是很多地方政府的目标，在有可能面对创新投入失败和继续支持夕阳产业的选择下，很多地方政府选择了继续支持后者，而对创新的投入相对捉襟见肘。另一方面，长江经济带中上游地区人才流失问题较为严重。由于北上广等地有着巨大的虹吸效应，长江经济带中上游地区培养出来的高端人才，服务本地的较少，更多地投身于发展平台更大、设施更为完备、交通更为便利、发展空间更为广阔的地方。这就造成了一个悖论，即落后的产业发展状况留不住人才，特别是难以留住和吸引创新型人才，人才的流失又进一步影响了产业的转型升级，制约了当地产业的发

展，创新型、高智力型产业发展受阻，地区创新能力不足，这又会制约对创新型人才的吸引，产业转型升级也就缺乏人才支撑，长此以往，就形成产业发展受制的恶性循环。

所幸，现在长江上游地区已经意识到了这个问题，都在着力构建人才推动的创新机制。比如四川省的成都市，在近两年不遗余力地通过政策吸引高端人才的进入，以打造创新型城市，构建创新驱动发展的机制。

3.3.4 区域合作机制尚不健全，制约了产业转型升级

如前文所述，长江经济带内产业发展存在着布局不合理，同构化、同质化竞争严重的现象。这些现象的形成，很大程度上就是源于区域行政区划分割下，缺乏区域合作的体制和机制。长江流域是我国国土空间开发最重要的东西轴线，横跨我国东中西三大区域，东有龙头上海，西有龙尾重庆和成都，中有龙骨南京和武汉，这几大中心城市是带动整个长江经济带腾飞的关键。但是由于这些中心城市的行政壁垒没有被打破，沟通协调机制流于纸面和口头，不同行政区域的互动合作机制远未正式形成，加上缺乏一个顶层的，能够统领行政区域的实质性协调机构，使这些中心城市的带动作用没有完全发挥，长江中上游的资源优势和巨大的市场容量没有得到充分利用，产业转型升级受到制约。

梳理起来，现在跟长江经济带治理直接有关的机构是长江水利委员会，但该委员会主要负责保障长江流域水资源的合理开发利用和日常管理监督，诸如进行河流、湖泊、洲滩、岸线的保护开发，日常水文监测，水土流失治理，水利工程建设，防洪抗汛等任务，对长江经济带经济发展综合协调管理根本不牵涉。2015年7月，国务院批复了《长江流域综合规划（2012—2030年）》，但该规划的重点依然是关注流域内的防灾减灾、水源生态保护、水资源综合开发、流域内河道的治理等内容，而对长江经济带内的经济社会发展、产业布局、带域内城市群的建设和发展、国土综合治理、从经济层面来看资源的开发利用、城乡统筹发展等方面牵涉不多，尤其是从国家层面来对长江经济带域内省市之间在产业布局、经济发展方面协调机制的构建上的考虑并不足。比如长江上游的四川和重庆，尽管四川社科界和高校已经连续几年在理论层面研讨两地的协同发展问题，但在实践层面，两地的协同机制并没有实质性地构建起来，成都和重庆依然在很多层面，比如产业布局、招商引资、中央政策偏向、城市定位、新区开发等方面存在竞争，产业同构化现象依然存在。同时，行政

隶属关系的存在，也使得长江经济带域内的资金、技术、劳动力等资源很难在整体带域内统一优化配置，技术、资金、劳动力、信息等资源在带域内的快速流动受到阻碍，增加了交易成本。

长江经济带域内缺乏区域协调机制和合作机制，有现实的原因和困难。首先，长江经济带包含了 11 个省市，许多牵涉长江经济带共同发展的问题，在省级政府层面是很难协调的。比如，上中下游之间水资源分配与水环境保护及生态补偿，海进江船舶标准化与海、河港协作，陆路交通和水路交通资源的共享与协作，重大水利设施工程修建及环境影响评估，产业转移与资源共同开发，以及港口功能定位与港口资源合作开发、区域环境合作治理等其他涉及公共资源开发与共享共治的一些问题，光靠哪一个省份都很难做出统一的安排和协调。其次，每个省份都有自身的经济发展要求，都有对区域民众生活水平提升的承诺，都有政绩考核，因此，在经济发展上都有自己的诉求，很难有哪一个省份在缺乏补偿机制的作用下在产业布局和生态环境保护上独自做出牺牲。这些现实困难也就制约了长江经济带整体的产业升级和合理化布局。

3.3.5 整体开发政策难以制定，制约了产业转型升级

长江经济带开发政策难以统一制定和实施，主要是由于生产力水平和资源禀赋的差异。长江经济带上中下游板块中，各省市生产力发展极不平衡，长江上游生产力水平低，尚处于工业化初期阶段；长江下游上海和苏浙地带生产力水平高，已经基本完成工业化，开始进入现代化发展阶段；长江中游地区则处于工业化中期阶段。总之，长江上下游之间的发展差距非常大。另外，长江上游地区是长江生态屏障保护区，生态敏感区多，高山和丘陵地区也多，无论是基础设施建设，还是其他开发，难度都大，成本都高；而长江下游地区平原多，基础设施，特别是交通设施已经非常完善，在生产力布局上也较为容易。在这种情况下，在上下游地区生产力水平和资源禀赋条件都存在巨大差异的情况下，进行开发建设，无论是统一政策的制定还是实施，都存在很大的难度，也就制约了长江经济带整体的产业转型升级。

3.3.6 区域协调机制难以构建，制约了产业转型升级

长江经济带流域辽阔，牵涉省市和城市多，沿线流域内有几百个大小不等的城市，都有各自的行政管理主体，"分域而治、各自为政"。其从发展到形

成，更多的是依托经济发展对资源需求以及市场扩大的外生力量调节推动。除此以外，长江作为我国最大的淡水资源库，国家历来就对其发展很重视。为此专门设立了水利、环保、交通、能源等数十个副部级行政办事（派出）机构，每个机构管理的侧重点不同，形成"多龙管水、多龙治水"。比如水利部派出机构长江水利委员会，其管理侧重点在于对长江的水资源利用和开发进行管理；交通运输部派出机构长江航务管理局，主要对长江的航运进行管理。这些管理机构都存在职能单一有限的问题，无法承担起跨部门、跨区域的综合协调任务。

这种管理体制，掣肘了长江经济的产业统一发展和通盘布局，也就制约了整体产业的转型升级。一是缺乏综合、权威的产业转型升级协调机构。1985年12月底成立了一个"沿长江中心城市经济协调会"，现在已经运行了三十多年，但由于协调机制过于松散、缺乏规则和更高层面的统筹协调，实际效果也大打折扣。权威协调机构的缺乏，难以从制度方面协调区域经济发展、产业发展和水路交通、生态保护等问题。二是以地方政府为主导的管理体制，制约了产业的分工协作。每个省市和每个城市都有自己的地方利益追求，行政管理主体在产业配置等方面都会追求地方利益的最大化，因此在市场建设、招商引资、基础设施建设、政策争取等方面都存在着竞争，有互相设置藩篱、存在地方保护主义和重复建设的问题。政府之间、企业之间的合作较为薄弱，各省市之间没有建立起有效的协调合作机制与明确的分工定位关系。例如，皖江城市带把装备制造业、原材料产业、轻纺产业、高技术产业、现代服务业和现代农业作为重点发展的六大支柱产业，而湖北长江经济带开放开发战略则确定了先进制造业、现代服务业、高新技术产业、现代农业和农产品加工业四大优先发展产业，两者相似性极高。三是管理主体多元，历经时间长，对产业转型升级效率产生极大影响。由于长江经济带管理主体还牵涉着中央部委派出机构，因此常常一个项目的实施需要各个派出机构审批签字，从而导致项目从策划立项到落地实施，往往要历经几年甚至更长的时间，这就对长江统一有序的空间开发造成了一定程度的掣肘。而长江经济带的整体发展，需要在生态环境保护、产业和生产力布局、政策制定等方面统一协作，有序开发，所以牵涉主体的多元和复杂，只是这种统一开发和布局的现实实施难度较大，制约了长江经济带整体的产业升级。

3.4 长江经济带产业转型升级面临的机遇

长江经济带产业转型升级犹如箭在弦上，不得不发，可以说迫在眉睫。如前文所述，长江经济带转型升级面临着众多因素的制约，但另一方面，长江经济带产业转型升级也具有良好的现实机遇和条件。这些发展机遇主要包括国际层面、国家层面和国内经济发展所处的阶段规律层面。

3.4.1 长江经济带产业转型升级的国际机遇

从国际层面来看，现在正进入了全球经济结构调整和第四次产业革命时期。自2008年金融危机之后，全球经济出现了大洗牌、大兼并、大调整、大转型的新格局，这种新格局导致了全球的第四次产业革命。第四次产业革命以四新为标志：新材料、新能源、生物科技和电子信息（云计算、物联网和无线网络为现代电子信息产业的三大亮点），这为产业结构优化升级带来了良好的契机。长江经济带在建设过程中，需要抓住知识经济的发展机遇，通过信息化提升工业化，提高经济带整体的产业层次和水平。

3.4.2 长江经济带产业转型升级的宏观机遇

从国家层面来看，中央非常重视长江经济带的发展，把长江经济带作为区域发展新棋局中至关重要的一个棋子。国家领导人多次对长江经济带发展做出指示，国务院出台众多文件指导长江经济带的发展。这些文件中，对长江经济带产业优化升级做了思考和谋划，诸如2014年出台《长江经济带发展指导意见》和《长江经济带综合立体交通走廊规划》，2016年9月出台《长江经济带发展规划纲要》等。有了国家层面的介入，将有效克服长江经济带行政区划分割带来的限制，从而下好长江经济带这盘棋。

3.4.3 长江经济带产业转型升级的经济规律机遇

从国内经济发展规律层面来看，长江经济带上中下游处于不同的经济发展阶段，东部沿海地区在产业层次、资源环境、土地空间等方面面临越来越严重的"瓶颈"制约，亟须为经济产业发展调整升级置换空间、提供资源、开发市场，支持其经济转型。这为长江经济带通过产业转移承接实现优化升级提供了良好的机遇。长三角产业结构走向高端化的同时，带动中、上游地区产业加速升级，发挥长江经济带在全国产业升级大潮中的引领作用。

总之，抓住国内外发展机遇，突破约束机制，寻求流域内产业整体的转型升级，是长江经济带发展的必由之路。产业转型升级是一个异常艰难而漫长的过程，并不是一蹴而就的。在这个过程中，缺乏动力机制的支撑，产业转型升级将是无根之本。本书研究认为，创新驱动、产业技术链的构建以及价值链的提升是长江经济带产业转型升级的动力机制，这三者是长江经济带实现产业转型升级的引擎和重要驱动力。

3.5 长江经济带产业转型升级的动力机制

产业转型升级并不是一件简单的事，需要众多驱动因素的联合作用。总结起来，长江经济带产业转型升级是内生动力、外生动力和联动动力协同效应作用的结果。当然，内生动力、外生动力和联动动力是一个系统，是由若干子动力所构成的。这三种动力共同作用，构成了长江经济带产业转型升级的动力机制。该机制构图如下：

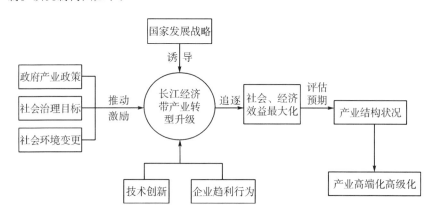

图 3.1 长江经济带产业转型升级动力机制图

3.5.1 长江经济带产业转型升级内生动力

内生动力，是指组织内部自发产生的动力，这种动力具有强基础固根本的作用。长江经济带产业转型升级的内生动力主要源于两个方面：

3.5.1.1 产业转型升级内生动力之一：技术创新能力

技术创新是产业转型升级的直接动力。技术创新是各部门、各组织利用现有的生产工艺和科学技术通过重新构思并与先进的思维方法结合，产生新的技术和工艺，最终提升了产品质量，促进生产力的发展，形成产业升级。技术创新构成了产业转型升级的直接推动力。历史发展，特别是三次产业革命，都展示了技术创新在产业升级中的推动作用。

第一次工业革命，是由于蒸汽机的发明，并被作为动力机广泛运用于纺织、钢铁等行业，使机器作业代替了手工劳动，工厂代替了手工作坊，使社会生产力得到了极大的提高。

第二次工业革命，发生于 19 世纪 70 年代至 20 世纪初，是以电器为代表的工业革新，电力的广泛应用使人类进入了电器时代，并且摆脱了繁重体力劳动的束缚。而电器的使用，更是极大地推进了社会生产力的发展，也使社会的政治、经济和文化结构发生了极大改变，推动了社会的发展。

第三次科技革命，是 20 世纪四五十年代以来，以新能源、生物工程、空间技术、计算机、遗传工程等的发明和应用为标志，一大批新兴科技崛起，带领人类社会进入智能化时代，使人类不仅摆脱了体力劳动，甚至还摆脱了繁重的脑力劳动。本次科技革命，极大地促进和发展了技术革新、文化传播和信息交换，深刻影响了人类社会的政治、经济和社会活动，尤其是经济活动中的产业类型、产业运作方式、产业链条构成等发生了深刻的变革，网络经济和智能经济应运而生，推动了产业类型的高级化。

从三次工业革命中不难看出，科技的进步推动了产业的升级和社会的发展，科技是第一生产力，是推动产业朝着高级化方向发展的直接动力。因此，产业优化升级的关键点和突破点，还是在于技术创新。风起云涌的技术革命，内生地推动产业转型升级。

3.5.1.2 产业转型升级内生动力之二：企业趋利行为

社会主义市场经济体制下，企业的趋利行为是推动产业优化升级的最根本的动力。优胜劣汰、自由竞争是市场经济的基本特征。在这种特征下，企业天生有需要不断革新升级的恐慌。这种恐慌一方面来源于不革新，将失去消费者，丢失市场，进而被淘汰的市场现实；另一方面来源于竞争对手在新工艺、新产品、新营销手段等方面的创新而导致资源市场配置格局改变的恐慌。因此，对于企业来说，创新是企业的生命力。

而单个企业的创新，将引起行业内其他企业的竞相模仿和推广，企业群体就自觉或者不自觉地进入产业升级的实际承载者状态。比如企业通过设备的更新来应对劳动力成本上升带来的压力，并使生产效率提高，从而提高应对价格波动和竞争的适应能力；或者企业走上自主创新之路，通过自我加压提高研发能力，从而使企业的产品形态、服务形态、生产经营流程和管理流程等都由于技术进步而得到层次上的提升；或是企业将技术含量相对较低的生产流线转移出去，既利用转移地成本优势以及优惠政策取得经济效益，又使自身能集中资源进入研发、营销等领域，进而带动企业整体向产业链高端位移等。总之，当新技术、新工业和新产品在行业内广泛应用后，整个产业也就得到了升级。而这个过程，必然会促进资源的优化配置，产业的优化也就顺势而形成。

3.5.2 长江经济带产业转型升级外生动力

3.5.2.1 产业转型升级外生动力之一：政府产业政策

政府产业政策引导和宏观调控是产业转型升级的外生动力源。对于政府的作用，日本经济学家认为："在日本，就连自由主义学派也不得不承认，在改变日本落后状态的过程中政府的干预对产业界是非常有用的"，"至少在过去由于政府和企业同处一个共同体使日本的产业发展取得了十分理想的成果"，[①] "如果没有政府各部门对制造业和商业的扶持，日本不可能取得经济上的成功。"[②]

政府对于产业优化升级的积极作用，主要体现在三个方面：一是引领、促进技术进步。二是扶持战略性新兴产业的发展。三是利用政策淘汰落后产能。当这三方面的作用都得以实现时，区域产业优化升级也就得到了实现。

（1）政府引领、促进技术进步

政府通过促进技术进步来推动产业升级，几乎是所有国家发展产业调节作用的共同特征，特别是在发达国家。比如美国，从20世纪90年代开始，特别是在克林顿政府提出"信息高速公路""知识经济"等新兴概念后，更是利用各项扶持高新技术发展的政策来推动产业的升级。美国政府在高新技术引领上主要通过三种方式实现：一是把高新技术作为国内产业升级的新引擎；二是利用高新技术发展来带动出口；三是为推动制造业振兴，政府将国防技术同民营企业发展结合起来，通过军民融合来实现制造业振兴。为了推动高新技术发展和产业升级，美国还专门在1993年成立了国家科技委员会，其主席和副主席

① 中国经济体制改革研究所赴日考察团. 日本模式的启示 [M]. 成都：四川人民出版社，1988：153.

② 俞天任. 为什么战后日本奇迹应归功于日本官僚 [J]. 思想理论动态参阅，2012（45）.

分别由总统和副总统担任。国家科技委员会出台各项政策，支持高新技术发展，诸如：鼓励私人部门从事研究开发活动；设立以高校为基础的多学科融合的研发平台，构建新型研发体系；通过资金支持、科技支撑和法律体系的完善来促进科技活动开展。美国的这些举措，使美国迅速占领了世界新兴技术的顶端，并使美国的产业体系很快得到升级，并处于世界产业链的高端。由此，政府在产业升级中的作用也可见一斑。

（2）直接扶持战略性新兴产业

产业升级的体现就是高端产业、高附加值产业在产业体系中所占比重上升。战略性新兴产业通常具有这样的特征，一方面决定了国家产业未来发展的方向，另一方面在初期也较为柔弱。这就需要政府给予高度关切和支持。政府通常在产业发展规划中确定、筛选基于一定的资源禀赋，具有发展前景和发展潜力，在相当长时期内能对区域乃至国家经济产生影响的产业企业给予政策支持和扶持。比如美国和英国扶持金融产业，美国加大对高科技产业的扶持力度；德国和日本扶持汽车产业；韩国扶持电子信息产业等。各国对战略性新兴产业的扶持方式各不相同，综合起来，主要包括行政干预、政策倾斜、资金注入、产业组织选择等方面。我国政府在"十二五"规划中，就确定了节能环保产业、新一代信息技术产业、生物产业、高端装备制造产业、新能源产业、新材料产业、新能源汽车产业七大战略性新兴产业，作为产业重点发展方向，并具体规定了各个战略性新兴产业发展任务。很显然，待这些产业在全国范围内发展成熟，占据产业体系的绝大部分，中国的产业结构势必整体升级。

（3）利用政策淘汰落后产能

产业的优化升级，也暗含了另一个必然结果：落后产业的淘汰。虽然这是规律，但规律发生作用的时间总是漫长的。政府通过政策淘汰落后产能，并同时促进新兴产业的发展，能加速产业的优化升级。这是理性的，而且在经济实践中被持续使用。政府淘汰落后产能的手段，有经济的、法律的，也有必要的行政手段。在经济手段上，一方面主要是运用税费手段，甚至调控税费，比如提高环境污染税费、提高资源使用税、引入碳交易机制等，迫使资源消耗和环境污染大、资源利用效益低的产业被淘汰，另一方面又为生态环保、技术含量高的产业企业发展创造了条件。运用法律手段，其中最具有刚性制约的就是设置产业进入门槛，这个门槛的高低意味着对进入行业企业要求的高低。当落后企业达不到这个门槛标准的时候，这意味着会被淘汰。我国当前的钢铁、煤炭产业就涉及产能过剩的淘汰。如何尽快有效地淘汰？中国钢铁龙头企业宝钢总经理马国强的思考和判断就很值得深思，他说解决产能过剩问题，其中一个手段就是在产业政策深化的过程中，要出台配套的政策法规并且严格执行。严格执行是关键的点，是政策有效实施的抓手。很多相对落后的中小型钢铁企业暂时还能生存，原因就是不做环保投入的情况下拥有一定的成本竞争力。而一旦严格执法，比如加强环保检测执行力度，就会使那些以牺牲环境为代价的高耗能、高污染中小型企业失去成本竞争力，就能在市场中通过并购重组等手段推进钢铁行业过剩产能的淘汰。行政手段，主要是指政府设置指标管理、目标管理等，比如现在正在推行的节能减排行政控制机制，限时限量地敦促政府淘汰高耗能、高污染企业，以拯救环境。

　　3.5.2.2　产业转型升级外生动力之二：治理目标倒逼

　　长江经济带作为区域发展新棋局中重要的一个棋子，作为国家发展战略的新谋划，被赋予了新的治理目标：创新驱动带、绿色廊道、协调发展带、生态文明现行示范带①等。这些治理目标的提出，倒逼着长江经济带产业转型升级。正如习总书记所说："改革是由问题倒逼而产生，又在不断解决问题中得以深化。"长江经济带产业转型升级的外生动力之二，就是治理目标的倒逼。

　　这种问题倒逼的外生动力，将使产业优化升级成为长江经济带未来很长一段时间的发展主线。在这个发展主线之下，长江经济带要围绕调整产业存量，做优产业增量，构建现代产业体系，发展高端产业，完善现代服务业等着力。为此，国务院为长江经济带发展制定了方案，提出长江经济带要以创新为动力，依托科技创新、制度创新双轮驱动，构建全方位创新发展体系；以融合为导向，推进科技、产业、教育、金融深度融合发展，建立要素资源联动机制；以协同为抓手，打破地区封锁和利益藩篱，形成全面合作的发展机制。长江经济带将重点发展航空航天、智能制造、海洋工程、轨道交通、工程机械、物联网、云计算、大数据、移动互联网、高性能集成电路、新型平板显示、高端软件、生物医药、生物农业、现代中药、核能、风电、智能电网、页岩气、太阳能光伏、生物质能源、插电式混合动力汽车、纯电动汽车等战略新兴产业②。

　　跟新的治理目标相吻合的是新的产业结构。长江经济带产业转型升级，将

---

　　①　朱剑红. 长江经济带将打造三大增长极［N］. 人民日报，2016-09-12.
　　②　李志勇. 长江经济带将成转型升级引擎2020年GDP将占全国43%［N］. 经济参考报，2016-03-10.

有力推动产业结构的优化。一方面，长江经济带产业布局要克服目前明显不合理、不科学的现状，打破行政壁垒，推动劳动力、资金、技术等生产要素在带域内能够自由地流动，通过产业承接转移、产业转型升级实现长江上中下游地区协同发展格局，突出发挥长江下游地区高端产业、科技资源、人才要素的优势，长江中上游地区通过产业承接和创新驱动，推动产业体系的高端化、高价值化；在整个带域内，产业结构进一步优化，战略性新兴产业在 GDP 中的占比有很大程度的提升，现代服务业和高新技术产业所占比重也要持续提高，制造业在全球价值链中的整体地位大幅提升，现代农业和特色农业快速发展。总之，使带域内产业有效实现转型升级，产业结构优化。

3.5.2.3 产业转型升级外生动力之三：社会环境变更

社会环境资源，比如创新环境的构建和良好的社会文化对产业升级具有重大影响，为产业优化升级起到良好的推动作用。

（1）创新环境的构建为长江经济带产业升级提供丰厚的土壤

树根植于土壤，才能茁壮成长。对于产业转型升级来说，创新环境和氛围的建构，能够推动企业加入创新的洪流中，从而最终实现产业的转型升级。所以创新环境的构建是推动产业转型升级的土壤。所谓创新环境，是指能够激励企业进行创新创造的社会环境。该社会环境包括社会对创造性人才的赞扬、肯定；对创新失败的宽容；对创新的精神和物质激励；良好的人才架构；促进人才流动和鼓励人才创新的激励机制；社会的组织结构；和谐、宽松有助于创新的氛围、社会思想状态等方面。良好的创新环境和氛围，能够激发人们的创新热情，鼓励人们积极投身到创新的行业技术中去，从而形成大众创业，万众创新的良好局面。比如四川成都为打造国内领先的创业之都，创新之城，从2015 年年初开始，每月举办一次"创业天府·菁蓉汇"活动，现在已在国内外多个城市路演，展示了成都浓厚的创新创业氛围，也得到了包括世界 500 强企业在内的国内外企业的青睐。现在"创业天府·菁蓉汇"活动已成为成都创新创业资源的吸纳池，成为"创业天府"行动计划乃至成都创新创业的具体"抓手"。实际上，成都创新氛围历史悠久。成都迄今已有 2 300 多年的建城历史，拥有悠久的历史文化，从古到今就有一种敢为人先的精神和创新的基因。都江堰水利工程、全球最早的纸币"交子"和雕版印刷术的发明等都出现在成都。另一方面，成都的创新也有现实条件的支撑。成都科教资源丰富，拥有中国核动力研究院等国家级研发机构 30 余家，四川大学、电子科技大学、西南交通大学等高校 53 所，牵引动力国家实验室等国家级研发平台 67 个。科教资源的价值体现有潜在性、流动性。成都每年还有 20 多万在校毕业生，他们也为成都的创新创业提供了潜在的人力资源条件。在浓厚的创新氛围下，2016 年 1—8 月，成都新增科技企业孵化器 37 家，新引进光谷咖啡、36 氪等知名孵化机构 10 余家。

成都风起云涌的创新创业激情，为成都未来的产业升级奠定了坚实的基础。现在成都已经决定重点培育战略性新兴产业集群，通过重点突破创新链的关键技术、产业链的关键环节，加快形成电子核心部件、新材料、物联网、机器人及智能装备、高端交通装备、新能源汽车及智能汽车、生物医药等战略性新兴产业集群。

（2）良好的社会文化为长江经济带产业升级提供丰富的营养元素

社会文化，尤其是产业文化为产业优化升级提供了丰富的营养元素。产业文化对产业升级的推动作用体现在以下方面：一是产业文化能够为经济活动注入文化内涵，丰富了产业的内在文化涵养，使产品的认同度和顾客忠诚度得到提升，也就使产业发展更为持久；二是在企业的产品和服务中注入文化要素，对于互联网经济时代来说，文化要素是企业能够提高竞争力的有效武器，也是企业创造财富的有效方式；三是产业文化通过强化优胜劣汰机制，增强创新意识的方式，促使企业不断地向先进企业和行业学习借鉴先进技术，引进不同行业的先进的文化、技术、理念、方法等改造、更新自己的企业文化、技术、理念、产品线、组织管理方法等，从而不断淘汰落后的技术、产品、管理方式和生产手段等，从而客观上推进了整个行业产业的进步和发展。总之，产业文化用持久的力量滋养着企业，为企业的持续创新提供源源不断的动力。

（3）能动的文化传承为产业创新开辟持久的源泉

文化，必定是能够传承，能够发扬光大的，悠久的文化是历久弥新的。传承和创新并不是一对矛盾体，而是相辅相成、互相促进的。首先，传承是创新的基础，创新是在原来产业传承的基础上创新的，失去了传承，创新就犹如无根之木，无源之水。创新是传承的继续和发展，只传承不创新，产品就没有生命力，就会失去市场，最终会被社会所淘汰，传承不下去。传承与创新同样重要，传承是继承优秀文化和优良技术，是经过市场和社会千锤百炼而留存下来的文化遗产，必须继承和发展下去。只有在充分吸收过去产业技术、产业文化的基础上，利用现有的资源进行创新，创新才会有基础，才会有生命力。

4 长江经济带产业转型升级：机理和思路

产业转型升级，是产业内部结构和外部结构合理化，产业链条和价值链条高级化的过程，具体体现为产业类别、产业竞争力、资源配置效率和全社会劳动生产率的提高，产业在区域布局结构的优化等结果，同时也是满足市场对产品和服务不断变化和更新的需求的过程。

4.1 长江经济带产业转型升级机理

长江经济带发展的重点任务之一是产业高级化和协调发展，要依托产业基础和比较优势，建立城市群产业协调发展机制，联手打造优势产业集群，建设现代服务业集聚区，发展壮大现代农业基地，有序推进跨区域产业转移与承接，加快产业转型升级，构建具有区域特色的现代产业体系。

那么，产业转型升级的机理是什么？长江经济带如何利用产业转型升级机理，有效实现产业转型升级，从而将长江经济带打造为新的经济增长极？专家认为，产业转型升级主要有十大机理。

4.1.1 产业转型升级，是传统产业改革和新兴产业培育的有机衔接

产业转型升级，并不是整齐划一的产业高端化的行为，而是同时有高端新兴产业培育和现有传统产业调整改革的过程。这个过程有赖于产业环境的营造，发展模式、机制体制的改革和市场替代的出现。缺乏这些，区域的整体产业转型升级是很难完成的。

产业转型升级，需要对传统的产业进行调整改革，同时培育新兴产业，完善产业链条。在这之中，通过培育新兴产业来促进产业转型升级，更是常用的

路径。新兴产业的培育，可以从两个方面促进产业转型升级。一是在新兴产业培育过程中，各类创新资源和产业发展要素都集中向新兴产业和新兴业态流入，资源的快速集中有利于新兴模块和新兴产业集群快速发育形成；二是当新兴产业培育成功后，能够极大地发挥辐射带动作用和市场竞争作用。这两大作用的发挥，能够促使传统产业更新改造，否则将被市场淘汰，这就推动了整体产业的转型升级。

在这种模式下，重心和重点在于新兴产业的培育、壮大和带动辐射作用的发挥。对于政府来说，为了培育和壮大新兴产业，需要做的关键的事就是营造良好的创新环境、竞争环境，构建新兴产业培育机制；另外，新兴产业培育中出现的新产品、新技术、新服务、新营销模式等，要能够以最快的速度应用于市场，从而推动传统产业进行更新改造和提升；并在这个过程中，发挥市场竞争机制的作用，淘汰落后和过剩产能，使产业质量整体得到提升。

这种产业转型升级的机理，就是一种利用新兴产业的培育发展，以及新兴产业培育发展对传统产业改造提升的带动作用，来推动整体产业转型发展提升的思路和方针，也就是培育发展增量，调整改革存量相互衔接的作用机制和机理。

4.1.2　产业转型升级，是产业集群下资源要素整合创新的客观结果

产业转型升级，有赖于产业集群的构造，通过集群平台建设，吸聚要素整合创新，从而推动产业转型升级。所谓产业集群，就是指在某一区域空间范围内，围绕某一产业领域集聚若干相互之间具有产业联系的企业和其他相应机构。换言之，产业集群是由各类型产业、信息、基础设施、产业人口和地域空间等要素所构成的一个集合体。产业集群是一个非平衡、非线性的开放系统，在这个系统内，产业内部要素相互融合、匹配互补，并通过跟外部空间进行能源、信息和物质的频繁交换，推动着产业的发展。

一旦形成产业集群，自组织演化和自我强化的功能就能得到有效发挥，从而能够通过内外部不同产业系统之间的横纵向的资源、要素、信息等的交流，促进要素、资源的相互整合和创新，推动产业不断向高级化、高端化方向发展。

利用打造产业集群来推动实现产业转型升级，其机理就是充分发挥产业集群所拥有的自组织演化和自我强化的特殊功能，发挥产业集群构成的创新网络

系统功能，实现区域产业利用创新达到升级目的。产业集群创新系统，可以在一定的空间范围内，吸聚相关产业，并根据一定的制度安排形成创新结构和创新网络，在这个网络内创新整合内外部的资源、人才、技术、信息等要素，构成次一级的创新体系和网络，从而成为区域创新体系的关键节点和重要载体。这些关键节点和重要载体的存在，能够发挥辐射带动作用，又推动新的创新系统的形成，从而引领区域产业发展环境的优化，推动产业高级化和高端化。

4.1.3 产业转型升级，是企业之间互相竞合和组织创新的客观结果

市场经济条件下，企业的竞争和合作是永不停歇的过程。企业间的竞合能够加速产业组织创新，从而推动企业竞合也就成了产业转型升级的抓手。

在现实中，单纯靠调整产业比例关系很难实现产业转型升级的目标。要推动产业转型升级，必须进行宏观和微观、表面和内里的深层结合，必须促使市场体系中不同地位、不同作用、不同特点的大中小企业进行多主体、多层次、全方面、多形式的产业组织创新，利用组织创新，推动产品、服务、生产方式的创新，从而实现产业转型升级和企业做强做大。在这个过程中，构建由小微初企业、高成长型企业和龙头企业等组成的结构合理、分工明确、竞合发展的企业梯队，是推动区域企业群体实现突破性发展的有力抓手。

这个实现过程和机理具体包括以下内容：一是小微初企业是产业发展的源头。新兴企业通常都是小微初企业，这些企业要培育发展壮大，需要政策的支持，以提高创业的成活率和创业层级。另外，这些新型业态、新型模块和新兴产业领域内的小微初企业的成长过程，会吸引各类资源流入，会提供创新创业示范带动效应，这就为经济发展方式转变、产业结构优化调整培育新生力量。二是成长型企业具有"创新能力强、发展潜力大、成长速度快、专业领域新"的特点，是创新创业领域的强大生力军。成长型企业成长过程，实际上具有试错功能，通过个体的试错，能够促进产业链条的细分和融合；而通过企业群体的试错，则能推动产业模块的细分，并发育出新兴产业群体，拓展产业领域。三是利用龙头产业的带动作用，引领上下游产业企业联动发展。龙头企业具有"综合效益好、组织能力强、带动系数大、技术水平高、市场规模大"的特点，而且具有较强的对市场、资本和技术的控制力和影响力，可以以终端产品的创新为牵引，促进技术集成创新，并迅速将创新技术运用于市场，获得资本的投入，集结资本的认同，推动产业链联动。

4.1.4 产业转型升级，是上下游产业依托产业链融合的客观结果

产业转型升级，是产业融合和整合的结果。上下游产业之间，主要在三个层面进行融合，即产品技术层面、企业产权层面和三次产业层面之间的融合。产品技术层面的融合或者复合，能够推动商业模式创新和技术创新，以及快速应用于产品生产，开发出新产品，创造出新技术。企业产权的融合，主要发生在关联企业之间，通过产权融合，为企业运行扫清组织障碍，集合组织力量，奠定创新基础，实现纵向融合。三次产业层面的融合，主要是通过三次产业价值链的分解，重新整合，由第一产业向第二、三产业迈进，比如分解出农产品服务、旅游观光农业等，发展新的产业业态，实现产业升级。总体来说，产业融合推进转型升级，就是利用技术创新、管理模式创新、组织创新、商业模式创新、产品创新、商业业态创新等，更新改造传统产业，并为新兴产业发展拓展空间。

在产业融合推动转型升级中，企业组织的作用强化和形式变更是重要的手段和路径。企业组织，通常具有产业组织的功能，能够通过不断地兼并、重组、合并、控股、股权投资等方式，使企业不断成长壮大和整合，并利用组织的整合，实现技术的兼收并蓄和吸纳整合，从而实现企业的做强做大和产业的做强做大。在产业的横纵向整合中，资本原始积累是基础，强大的金融资本是后盾，有力的产业资本是杠杆，通过一定的产业资本主导权，理顺和打通国内外优质、先进的品牌性、技术性、资源性资产之间的产权关系，进而掌握和拥有相关产业领域的技术主导权和市场主导权，依靠市场的力量，推动产业转型和升级。

4.1.5 产业转型升级，是围绕产业生命周期进行政策布局的主观使然

正如第三章所说，产业转型升级的动力既来源于内生动力，也需要外生动力，这个外生动力更多指政府。政府可以利用有效的产业政策布局，推动产业转型升级。纵观各国产业转型升级路径，政府的推动作用功不可没。

当然，政府的政策推动，并不是盲目的，而需要根据产业所处的技术生命周期不同环节所需要的制度需求来进行政策布局。产业技术生命周期主要由基础研究、共性技术研究、商业应用研究、商品开发、工艺开发、规模生产等环节组成。每个环节所需要的政策支持各有不同。对于基础研究环节来说，需要的是财政经费的投入，即资金支持；对于共性技术研究环节，既需要资金投

入，也需要对原有体制机制障碍的破除和组织模式的优化；对于商业应用研究环节，需要的是建立有利于专利成果转化为实际能应用的投入机制、保护制度和约束机制；对于商品开发环节来说，需要的是优化和完善支持创新创业的税收政策体系，搭建起有利于创新创业的孵化机构，优化专利技术的收益权和处置权等；对于工艺开发环节，则主要是需要通过政策提供有利于生产和专利技术标准实施的发展环境；而对于规模生产阶段，其需求更多的是侧重于培育有效的市场。

根据对技术生命周期各个环节和全产业链条所需要的制度支持的分析，政府在推动产业转型升级中，应该有意识地构建涵括从研究开发到专利转化应用直至市场培育等环节在内的覆盖技术创新全链条和关键节点的完善的政策体系。关于支持研发的政策体系构建，要着力于加大基础研究及共性技术的财政科技投入、完善科研经费使用、改革科研院所管理体制及运作机制、完善技术创新组织模式、完善知识产权环境等；技术转移类政策方面应重点建立完善促进科技成果转化的投入机制、约束机制及激励机制，建立完善公共技术服务及重视孵化的条件平台建设，合理安排市场准入门槛及企业创建政策，保障企业在知识产权及技术标准等方面的发展环境等；市场培育类政策方面应重点建立完善促进科技型企业做强做大的税制及资本市场；通过政府采购及公共财政支持等营造产业发展环境；为企业品牌建设、国际化发展提供支撑。

4.2 长江经济带产业转型升级的思路

4.2.1 围绕产业主导权进行战略设计，是长江经济带产业转型升级的根本选择

长江经济带是中国的，更是世界经济版图重要的一角。长江经济带产业转型升级，必须站在更高的起点，看清带域经济所处的战略位势，进行更宏大的战略设计，才能使带域经济做强做大，走在世界的前沿。在这个起点下，产业主导权是根本的抓手。所谓产业主导权，就是产业主体，即企业对产业运行和发展所具有的强大应变力、影响力和控制力。而这三力，在产业前中后端的体现有所不同。产业前端，主要体现为市场主导权，在产业中端，主要体现为资本主导权，在产业后端，则集中体现为技术主导权。在这个过程中，产业主导权一方面表现为产业内企业能够自主地参与基础价格形成定价，能够影响基准

价格的变化；另一方面，也表现为产业企业能够灵活、主动地应对市场变化，适应市场变化，从而使企业能够稳定发展。

纵观全球经济发展，分析主导企业更替规律，就会发现，由资本、技术和市场三要素构成的产业企业主导权，既是企业更替规律的体现，也是全球产业分工体系形成和不断深化演化的深层次原因。基于此，就需要从战略层面对产业主导权的角逐进行强化。如何强化？一是通过对产业和资本市场进行投资，做资本运作的途径控制，从而实现资本主导权的控制；二是在技术路线图上，要从战略高度设计技术转移路径和知识产业经营路径，从而实现对技术主导权的控制；三是在赢得市场主导权方面，则是通过产成品的品牌影响力、商品价格定价权和渠道控制力等方面来实现。

基于此，长江经济带内各省市，必须深入研究本区域的资本、技术、市场主导权状况，分析在全国乃至全球竞争序列中的位势，抓住机会，弥补短板，发扬优势，提升自己在优势产业上的产业主导权。这个产业主导权的获得过程，实际上就是产业转型升级的过程。

4.2.2 从全球创新版图出发进行研究，是长江经济带产业转型升级的前提基础

当前，世界经济由相对封闭的工业经济形态走向了以网络为核心的新经济形态，过去的制造业全球化和后期的服务业全球化，逐步转变为现在的创新全球化，全球创新版图风起云涌，快速变迁。全球创新版图，集中体现为知识创新版图和新经济创新版图，就是将全球范围内产业竞争力最强、创新资源最为集中的区域标注在世界版图上，反映了各个区域的创新能力和创新结果。在这个过程中，世界分工标准发生变化，不再以国家为划分单位，而是按照区域产业竞争力来划分，全球创新资源、要素和产业分工在不同层级和不同层次迅速变化，并根据创新能力的版图布局，越来越朝竞争力强大的区域聚集。

长江经济带产业转型升级，要将眼光放远放大，放在全球知识和新经济创新版图中来研究产业发展，掌握区域优势产业在全球范围内的技术发展路线图和时间表，了解产业需求的人才、资本、技术等创新资源在全球的布局情况，通过这种有针对性的分析，发现区域存在的不足和短板，从而制定有竞争力和吸引力的法律法规政策，与全球的创新尖峰建立有效链接，实现资本、人才、技术等创新资源同世界的有效对接，吸引资本、人才、技术等的流入，从而推

动区域产业转型升级。

4.2.3 追求技术和组织的原始范式创新，是长江经济带产业转型升级的战略需求

目前，全球产业转型升级，已经发生了阶段性变革，由跟随创新开始向原始创新范式转变。原始创新，更有利于抢占世界经济尖峰，抢占全球产业价值链高端。不同的经济体，在不同的发展阶段，对创新的范式有不同的战略需求。一般说来，就竞争层面、技术层面、需求层面而言，发达经济体通常进行引领创新、原始创新和颠覆性创新，而欠发达经济体则更多地集中于跟随性、集成性、整合性和适应性创新。

长江经济带产业转型升级，要在跟随性、模仿性、集成性创新的基础上，加速向原始性、颠覆性和引领性创新范式转变。而且，随着我国国际地位提升，经济实力增强，提出了"自主创新，建设创新型国家"战略，整个国家创新范式所处的阶段都发生了变化。作为国家区域发展新棋局中重要一子的长江经济带，更有原始创新的战略需求，要支持一批产业、企业在产品、商业模式、技术等方面由跟随性创新向原始创新范式转变。当然，原始创新并不是一蹴而就的事，是一个长期的过程，一方面要破除各种阻碍创新的机制体制因素，另一方面要激发创新思想和观念，跟上发达经济体的步伐。

4.2.4 引进培育一批领军创新创业人才，是长江经济带产业转型升级的战略基石

人才，是产业发展的根本要素，更是新经济时代和加速产业转型升级的战略基石。新经济时代同工业经济时代有很大的差别。在工业经济时代，生产消费的主要模式是批量化生产和供给。产业发展的关键就是以市场为导向，抓项目投资，抓生产供给。而在新经济时代，以产定销的模式难以为继，生产消费模式越来越转向人性化、个性化和定制化，引进一个项目的产能及效益具有明显的边界。创新成为主要的竞争资源，而创新的载体主要是人，创新创业人才承载了技术创新、思想创新和知识创新，人才也就成为在新经济发展中，最具有革命性、最核心和最有竞争力的力量和要素。

从产业转型升级来说，就是利用创新资源培育新兴产业，更新改造传统产业的过程，因此，本质上还是要落脚到人才上，要实现由以项目为主导向以人

才为核心的转化。基于此，长江经济带要想推动产业转型升级，关键的一点就是培育和引进一批拥有高技术、具有创新思想和技能的产业人才，特别是培育和引进具有创新思维，掌握创新技术，怀揣创新梦想，并能够切实地将创新技术市场化，推动产业模式创新，并能带领新兴经济体抢占国际产业链高端的领军创新创业人才，这是根本，是前提，更是战略基石。目前，长江经济带各省市已经深刻地意识到了这一点，并采取各种政策措施，培育和引进创新创业人才。

4.2.5 强化金融资本对产业的支撑作用，是长江经济带产业转型升级的战略支撑

产业发展，金融的支撑是必不可少的条件。换句话说，就是产业资本与金融资本的融合，或者说虚拟经济与实体经济的结合。这两者的结合，具有三方面的作用：一是能够降低交易费用，提高交易效率。产业资本和金融资本的融合，能够节约和降低双方在经济交往中产生的谈判、履约等费用，提高交往效率，提升金融效能；二是能够优化产业发展的投融资环境。产业发展，金融是血液，在发展中产生了不断的金融支撑需求。产业资本和金融资本的有效融合，加大了金融资本对实体经济的支持，有效解决了产业发展中的资金需求，也为民间资本、金融资金拓宽了使用的出口和途径；三是金融资本和产业资本的融合，有助于规模经济的实现。规模经济的实现，单靠业务规模的扩张，是很难、很长期、很艰辛的过程。但一旦虚拟经济和实体经济结合，或者金融资本和产业资本融合，会大大扩大业务规模，降低成本，极大地释放企业在系统维护、产品开发、渠道建设、营销网络构建等方面的规模效应潜能，发挥规模经济优势。

基于此，对于长江经济带产业转型升级，需要强化金融资本对产业资本的支持，促进虚拟经济与实体经济的融合，在产业发展的各个阶段，有效地发挥资金支撑作用。在企业创新之初，提供创业资本金或者间接融资；在企业发展壮大中，通过"壮大贷""成长贷"等方式，满足企业规模扩大和技术创新所带来的金融需求；在产业整合过程中，提供金融支撑。总之，金融资本和产业资本的融合，能够为长江经济带产业转型升级打造涌动的造血机制，为企业的做强做大提供必要的融资手段和融资渠道。

4.3 长江经济带产业转型升级的支柱

4.3.1 长江经济带产业转型升级的驱动力是创新

创新能力是产业转型升级的关键。美国在 2011 年《创新战略》中提出，美国获得繁荣的关键不是压低工人工资，而是开发新产品，产生新行业，保持在科学方面的世界领先地位，以及技术创新，这是赢得未来的关键。当前，长江经济带同中国的其他地方一样，面临着日益严峻的资源约束，依托资源投入来推动经济增长已经很不现实。只有依靠创新，提高全要素生产率，降低成本，推动产业转型升级，经济才可能获得持续健康发展。

创新，意味着新的发展模式、新的组织形态、新的产品、新的市场、新的业态、新的销售方式、新的消费领域、新的消费模式、新的消费观念。只有创新，才有源源不断的经济活力。强化创新驱动，关键要促进科技成果资本化、产业化。要扎实推进科技创新与经济社会发展深度融合，切实解决影响和制约经济社会发展的重大关键技术瓶颈问题，促进产业结构调整和转型升级，支撑经济发展稳中求进。

长江经济带沿线各省市都深刻地意识到了创新驱动的重要性，都提出了创新驱动的发展战略。2016 年 3 月 10 日，国家发改委印发《长江经济带创新驱动产业转型升级方案》（以下简称《方案》）。《方案》提出，加快创新驱动促进产业转型升级，构建长江经济带现代产业走廊，抢占产业发展制高点[1]。

以创新推动产业转型升级是一个系统工程，需要各个方面的创新。第一，是技术创新。技术创新是产业转型升级的灵魂和根本。第二，是应用创新。技术创新的成果必须转化为现实应用，转化为生产力才具有意义。第三，是投融资创新[2]。产业转型升级，资金的支持是必需的要素。投融资模式的创新，能够促进产业发展，特别是新兴产业发展具有资金易得性和成本低廉性，为产业转型升级提供资金支撑。第四，是政府治理模式创新。产业发展，政策引导具有强大的作用。政府这只有形的手，如何高效引导产业转型升级，也有赖于治理模式的创新。

---

① 幸子. 创新驱动产业转型升级方案发布, 长江经济带或带动万亿投资［N］. 中国证券报, 2016-03-10.

② 梁志鹏. 五方面创新驱动光伏产业转型升级［EB/OL］. http：//www. xinhuanet. com. 2016-04-26.

4.3.2　长江经济带产业转型升级的基点是生态文明建设

生态兴，则文明兴；生态衰，则文明衰。作为中华民族母亲河的长江，生态文明建设尤为重要。因此，在长江经济带产业转型升级中，一定要以生态文明建设为基点来考虑产业升级。一是要按照各省市的生态特点，在产业和生产力空间布局以及资源配置方面优化布局，加强生态环境保护，产业发展重点放在有利于资源环境可承载的产业上，要维护生态脆弱地区的自然生态平衡。二是欠发达地区在承接产业转移时，切忌只从经济效益出发，不考虑生态环境而承接高耗能、高污染、高排放低附加值的产业。相对来说，欠发达地区都是生态脆弱地区，这种做法可能会导致这些省份生态环境的破坏。三是在产业升级和结构调整中，要提升产业生态效率。特别是对于传统产业来说，这是重点任务。传统制造业和服务业，要通过技术进步和高新技术的使用，实现改造升级。生态脆弱地区要重点发展科技含量高、生产效率高的现代服务业和体现现代科技成果转化以及由信息化推动的现代制造业。在长江经济带内，现代服务业的龙头是上海，现代制造业的龙头是江苏和浙江地区。四是各省市要大力提倡绿色发展，形成绿色发展共识。居民认同绿色发展，积极响应参与绿色、低碳生活方式，有助于对环境的保护。四川十届八次全会就做了《中共四川省委关于推进绿色发展建设美丽四川的决定》，倡导绿色发展，建设长江经济带上游生态屏障。

4.3.3　长江经济带产业转型升级的介质是新型城镇化

经济新常态下，长江经济带产业转型升级必须选择和坚持正确的发展道路，借由新型工业化、新型城镇化、新型信息化和农业现代化的"四化同步"介质，在发展中处理好经济发展、环境保护、社会和谐的关系，力争加快科学发展、协同发展，稳步完成产业转型升级的时代任务。在"四化同步"介质中，新型城镇化是产业结构转型升级和调整的载体和平台；新型工业化是产业转型升级的动力；信息化是产业转型升级的重要抓手；而农业现代化是产业转型升级的稳固根基。其中，新型城镇化更是一个强大的包容体，发挥着不可替代的融合和协调作用，为信息化和工业化提供了发展空间，引领服务业提速增效，也能带动农业现代化的快速发展，释放出巨大的市场空间和消费潜力，促进产业在长江经济带内有序转移，消解产能过剩问题，推动产业结构优化升级①。

4.3.3.1 促进长江经济带内城市群一体化

在长江经济带内，有三大城市群，一是长三角城市群，二是长江中游城市群；三是成渝城市群。新型城镇化过程有利于实现城市群一体化和区域协调发展。长江经济带产业转型升级，可以通过产业在带域内的转移承接和产业的布局调整，根据各省市内各城镇的环境资源承载能力、资源要素禀赋和比较优势，提高长江经济带内三大城市群的自我发展能力，培育出各有特色的产业体系，实现产业和城镇的融合发展；而且在新型城镇化过程中，可以依托长江黄金水道，在城市群间打造完善的综合交通运输网络，构建城市群内的交通一体化格局，并通过带域内中小城市和小城镇之间交通条件的改善，促进长江沿岸地区，特别是东西部地区的要素流动、产业融合等良性互动，形成优势互补、分工合理、特色鲜明、链条完整的现代产业体系。

4.3.3.2 促进长江经济带内产业和城镇的协调发展

新型城镇化，将摆脱传统的土地城镇化和"摊大饼式"的城市发展模式，以集约化、高效化、以人为本为发展原则，以工业化、信息化和农业现代化为带动和抓手，通过科技技术的广泛推广和应用，促进长江经济带产业变革，推动传统产业的升级和新兴产业的培育发展。新型城镇化过程中，创新要素和创新型人才将在城镇聚集，产业体系的完善和产业链的构成，将有助于知识和技术的传播和扩散，能够实现城镇发展与产业支撑、就业转移和人口聚集的协调统一，有利于集约利用土地，并全面提升长江经济带内城镇经济的实力水平，提升人民生活品质，促进城镇可持续发展。

4.3.4 长江经济带产业转型升级的突破口是各省市产业特色

经过各地政府多年的探索和实践，长江经济带不同城市根据自身特点和优势找到了有代表性的各具特色的转型突破口。如苏州、南京和武汉充分利用构建国家自主创新示范区的机遇，大力推动战略性新兴产业，转型发展指数排名前列。杭州则通过积极建设国家跨境电子商务综合试验区，引领新兴"互联网+"发展潮流，转型发展势头十分迅猛。宁波则通过培育改善转型升级环

---

① 杨凤华. 新型城镇化：长江经济带产业转型升级的关键［N］. 中国社会科学报，2014-08-12.

境，借力民营企业快速发展，转型升级顺利进行。黄山、张家界和铜仁等经济规模较小的城市，虽然在总体转型发展指数中排名未能超越中心城市，但转型发展也形成了自己的特色。如黄山和张家界利用资源禀赋，大力发展旅游业，建设旅游城市；铜仁则积极争取国家智慧城市试点，同样在结构调整方面排名前列，转型经验可圈可点。

4.4 基于顶层和地方视角的长江经济带产业转型升级思路

长江经济带产业转型升级，靠一省一市之力是不可能完成的。由于牵涉面广，涵括范围大，需要中央战略层面和地方举措的结合，才能具体实现。

4.4.1 长江经济带产业转型升级的顶层视角

4.4.1.1 国家层面制定长江经济带产业转型升级战略

长江流域的开发与保护，现在已经上升到国家战略层面，制定了《长江经济带发展规划》，但这个发展规划是一个综合规划，没有专门的产业转型升级战略规划。2016 年年初，国家发展改革委、科技部、工业和信息化部三部委联合发布《长江经济带创新驱动产业转型升级的方案》，为构建长江经济带现代产业走廊引领了方向。

长江经济带产业转型升级是一个系统的工程，应该上升为国家战略高度。只有上升到国家战略高度，整体的产业转型升级才可能通盘考虑，统一作为，产业协作才能落脚到实处，而不会流于纸面和口头。在国家战略下，再来创建产业流域开发和产业行政管理相结合的新体制，确立产业管理的行政新关系，为长江经济带产业优化布局，资源和要素流动扫清行政障碍，理顺权责关系。

4.4.1.2 用财政手段调整长江经济带产业转型升级中的利益关系

长江经济带产业转型升级，对于长江中上游来说，任务更重，责任更大，特别是在生态文明建设上，将承担更大的责任，做出更大的牺牲。如果不从国家层面协调各个省份之间的利益关系，则长江中上游无心调整，长江下游无动力参与。为了协调产业关系，通盘考虑，统一进行产业布局，有必要建立利益损失补偿机制。也就是对因为产业布局调整而遭受损失的省份，特别是做出产业退出的省份，以及因为生态环境保护而不能大规模进行工业开发的省份，通过财政税收手段和转移支付的形式，进行相应的补偿，以促进长江流域的可持续发展。出台相应的区域补偿实施办法，按照"谁受益，谁补偿"的原则，发挥经济手段的杠杆作用，促进长江经济带产业转型升级。

4.4.1.3 用创新思维确立长江经济带产业转型升级中的协调机制

带域内产业协调发展，内部的协作机制必不可少。长江经济带各省份要利用长江"一江贯之"的区位优势，建立产业协调发展的内部机制。这就要求突破行政区划分割，设立由中央政府直属的跨区域产业转型升级协调机构，当前国家成立了"推动长江经济带发展领导小组办公室"，统筹长江经济带开发和保护工作。总之，中央层面的协调机构，应该承担起摸清长江经济带整体产业发展态势，各省份资源优势的责任，结合国务院发布的《国务院关于依托黄金水道推动长江经济带发展的指导意见》和《长江经济带发展规划纲要》，统一制定产业布局专项规划，凝聚共识，划区块发展产业类型，加强产业发展的跨省区合作，发挥市场在资源配置中的决定性作用，打破行政壁垒的束缚，推动人才、资金、技术等资源、要素在带域内畅通流动，营造良好的合作氛围，合理配置资源，激发经济活力。

长江经济带产业转型升级，还需要资金的支持。中央层面协调机构，要创新资金支持的机制体制，采用多种方式，吸引民间资本或者国外资本集聚，扩大产业转型升级中的融资渠道，减少地方财政的负担，弱化地区行政意识，促进资金在区域之间的跨区域流动。另外，长江经济带产业转型升级，也不能是一个封闭的过程，还需要与经济带外进行联动，跟其他经济带互动发展。资源和要素除了要在长江经济带内自由畅通地流动，还要在区域之间合理配置，取长补短，实现经济全面发展。

4.4.2 长江经济带产业转型升级的地方视角

长江经济带产业转型升级，地方政府有更大的作为。地方政府可以在产业规划、政策引导、基础设施建设、创新环境营造、人才建设等方面积极作为，推动产业转型升级。

4.4.2.1 制定协调融合的产业发展规划

产业发展规划是一种引导性的规划，就是对产业发展进行布局，对产业结构进行调整、布置和规划。产业规划会根据区域产业类型，规划不同的发展方向，确定重点发展产业、需要转型的产业、逐渐淘汰的产业，这实际上就是产业转型升级的路径。在各个省市的产业发展规划中，无一例外都提出了要发展战略性新兴产业，转型升级传统产业。当现实产业沿着规划的路径发展成型时，区域产业层次自然就得到了提升，产业结构就实现了优化。

4.4.2.2　营造自主创新的产业发展环境

产业转型升级，有赖于创新环境和氛围的营造。地方政府在环境营造方面责无旁贷。创新是企业持续发展的动力，城市环境能否助推企业创新能力是产业转型升级的重要支撑。城市创新环境打造可以采用"软、硬"两种方式和提供系统来实现：一是采用硬方式，即建立良好的物质基础。如投资建立良好的区域交通运输系统和信息通讯网络，建设企业家聚会的场所，以及投资于培养人才、产生技术的院校和科研机构等。二是软方式，即采取措施增强区域吸引力以及形成创新氛围。如通过政策、法规、财税制度对企业提供经营的优惠条件，组织企业家间的交流，负责培养具有新思想、能力强的企业经营者，奖励重大的技术创新，增强政府与企业的联系和信任关系等。这种方式主要着眼于建立起一种富有活力的创新精神，尊重人才的区域文化。三是打造"以根植型企业、高校和中科院等"为一体的产学研协同创新系统和创新平台。鼓励以企业作为创新主体，联合高校及科研院所建立研发机构，建立联合开发、优势互补、成果共享、风险共担的产学研用合作机制，组建产业技术创新战略联盟，实施合作项目，联合申报项目，加强对企业技术创新的理论、基础和前沿先导技术支持。四是大力发展产业园区，以聚集促创新。高新技术产业园区和经济技术开发区，吸引了众多企业的集聚。上下游企业的集群，通过思想和技术的交流，有利于创新方案的产生。五是给予创新资金支持。创新同失败是相辅相成的，创新风险很大。政府可以建立创新基金，免除企业创新的后顾之忧，有利于推动企业创新。六是建立各种行业协会和产业联盟，以推动和促进信息在行业内汇集、交流，从而突破各种形式的信息封锁，扩大自主创新的社会效应，提高科技成果的转化能力。

4.4.2.3　推动基础设施在带域内共建共享

基础设施的完善程度，是产业转型升级的基础。目前，长江经济带上游地区的基础设施相对中下游还较欠缺，设施水平也不高。长江经济带要建设交通廊道，利用交通的互联互通，促进产业要素在带域内流动，就必须加大对长江上游地区基础设施的投资力度，加强不同类型交通方式之间的无缝衔接，构建铁公水联运、铁水联运、公水联运相结合的现代化交通运输体系，提高长江黄金水道的运输能力。加大信息基础设施投资力度，构建长江经济带经济发展信息网络和交流平台，促进信息共享。

4.4.2.4 利用产业承接，推动产业转型升级

发挥长江三角洲地区的辐射引领作用，依托中上游地区广阔腹地，增强基础设施和产业配套能力，引导具有成本优势的资源加工型、劳动密集型产业和具有市场需求的资本、技术密集型产业有序向中西部内陆地区转移，促进长江中上游地区科学承接产业转移，提高资源配置效率，激发内生发展活力，推动长江经济带发展成为东中西互动合作的协调发展带。支持和鼓励开展产业园区战略合作，建立产业转移跨区域合作机制，以中上游地区国家级、省级开发区为载体，建设承接产业转移示范区和加工贸易梯度转移承接地，推动产业协同合作、联动发展。重点推进沿江地区国家级开发区转型发展，推进沿江地区国家级承接产业转接示范区建设，推进两江新区、贵安新区、天府新区等国家新区建设，提升湘江新区发展水平，增强长江中上游地区承接产业转移的吸引力和承载力。借鉴负面清单管理模式，加强对产业转移的引导，促进中上游特别是三峡库区产业布局与区域资源生态环境相协调，防止出现污染转移和环境风险聚集，避免低水平重复建设。

国家要尽快制定并发布"长江经济带承接产业转移指导目录"，科学编制规划和实施方案。增强中、上游地区产业配套能力，引导具有成本优势的资源加工型、劳动密集型产业和具有市场需求的资本、技术密集型产业向中上游地区转移。支持和鼓励开展产业园区战略合作，建立产业转移跨区域合作机制。降低小企业的创建门槛和转移黏性，促进更多发达地区小企业的转移和本地小企业的扩张和创生。建立负面清单，防止出现污染转移和环境风险聚集。

4.4.2.5 加大对外开放，推升产业转型升级

产业转型升级，学习借鉴和直接嫁接是一个重要的路径，这就要求地方政府加快对外开放，通过"走出去"和"引进来"的方式，实现产业升级。目前，国家层面的"两带一路"发展倡议，为长江经济带沿线省市的产业转型升级提供了良好契机。沿线各省市要加快对外开放步伐，营造有利环境，吸引高技术、高效能的外资企业入驻，通过龙头企业带动，推动本地产业转型升级，形成本土与外资企业互补共生、对内对外双向开放、内陆经济与海洋经济联动发展的区域产业发展新格局。

5 长江经济带产业转型升级：模式与路径

5.1 长江经济带产业转型升级的国家战略要求

5.1.1 《国务院关于依托黄金水道推动长江经济带发展的指导意见》的战略要求

长江经济带产业转型升级势在必行。2014 年 9 月 25 日，《国务院关于依托黄金水道推动长江经济带发展的指导意见》对长江经济带产业发展提出了增强自主创新能力、推进信息化与产业融合发展、培育世界级产业集群和加快发展现代服务业的四点要求。

在自主创新能力增强上，国家对长江经济带产业转型升级的主体做了明确规定，要求发挥企业的主体地位，通过领军企业的带动作用来提升整体产业素质。中小企业的创新活力更强，为了推进中小企业创新，政府要设立投资基金，并建立产学研用战略联盟。

产业转型升级，要切合当前信息化的时代背景。特别是传统产业转型，可以利用云计算、互联网、大数据、人工智能、物联网等新一代信息技术，并通过新兴技术与产业的融合，培育形成新兴产业，比如文化创意产业。新一代信息技术的应用，也有助于商业运营模式、营销模式、企业管理等方面的创新。

长江经济带目前已经形成了三大产业集群。未来沿江各省市要以国家级、省级的技术开发区和高新技术开发区为载体，以大型企业为骨干，打造纺织服装、汽车、高端装备、家电、信息等产业集群，并且是世界级的产业集群。产业集群的打造，有赖于产业集聚区、产业示范基地、高新技术产业园区等的建设。要依托长江黄金水道的优势，建设具有国际先进水平的长江口造船基地和长江中游轨道交通装备、工程机械制造基地，争取在这些交通装备和机械制造领域突破核心关键技术，打造世界知名的拥有自主知识产权的品牌。

产业转型升级，发展现代服务业是重要的路径，既能提高第三产业的比重，又有利于节约资源，保护生态环境，建设生态文明。现代服务业的发展，一方面有赖于体制机制的改革，另一方面有赖于发展业态和发展模式的创新。目前，长江经济带乃至我国服务业，很大程度上在于通过对外开放，在学习中成长。长江经济带可以发展的现代服务业，主要集中在航运服务、物流服务、旅游服务、金融服务、保险服务等领域。另外，长江经济带沿线具有高端、优质、大量的自然山水、历史文化等旅游资源，也拥有各具特色的民俗风情优势，应该着力发展特色旅游业，找准定位，打造旅游城市、精品线路、旅游景区、旅游度假休闲区和生态旅游目的地，把长江沿线培育成为国际黄金旅游带①。

5.1.2 《长江经济带创新驱动产业转型升级方案》的战略要求

2016 年 3 月 9 日，国家发改委发布《长江经济带创新驱动产业转型升级方案》（以下简称《方案》），强调了长江经济带在推动产业升级转型与科技研发中的重要作用，同时向长江经济带提出在新时期中要做好增强创新能力与打造工业新优势排头兵的重要任务。

上述两个国家战略层面文件，对长江经济带产业转型升级的模式提供了相应的指导，尤其是以创新驱动产业转型升级的方案，更是明确了长江经济带产业转型升级的重要任务，也对产业转型升级路径提供了思路，比如增强创新能力、打造工业新优势、壮大现代服务业、促进农业现代化、优化产业布局等。《方案》要求，大力发展战略性新兴产业，加快发展高端装备制造、新一代信息技术、节能环保、现代生物、新材料、新能源、新能源汽车等战略性新兴产业，着力提升技术研发水平，推动产业转型升级和结构调整；加快改造提升传统产业，加快钢铁、有色金属、石化、纺织等领域的技术改造，提高传统产业竞争力，提升重点行业清洁生产水平，淘汰落后产能，推动沿江钢铁企业加快兼并重组步伐，加快推进炼化一体化项目，加强纺织行业整合能力，并积极夯实信息化发展基础，构建沿江信息大通道；在新型平板显示、集成电路、先进轨道交通装备、汽车制造、电子商务五大重点领域，布局一批战略性新兴产业

---

① 国务院关于依托黄金水道推动长江经济带发展的指导意见，国发〔2014〕39 号。

集聚区、国家高新技术产业化基地、国家新型工业化产业示范基地和创新型产业集群，打造世界级产业集群①。

由此，长江经济带下一步的产业转型升级，要在国家文件的指导下，选择合适的模式，走可持续的道路，争取在产业转型中取得突破性进展。

5.1.3 《长江经济带发展规划纲要》战略要求

2016年9月12日，《长江经济带发展规划纲要》（以下简称《纲要》）正式印发。《纲要》从规划背景、总体要求、大力保护长江生态环境、加快构建综合立体交通走廊、创新驱动产业转型升级、积极推进新型城镇化、努力构建全方位开放新格局、创新区域协调发展体制机制、保障措施等方面描绘了长江经济带发展的宏伟蓝图，是推动长江经济带发展重大国家战略的纲领性文件。

《纲要》围绕"生态优先、绿色发展"的基本思路，将生态放在了长江经济带未来发展的首要位置，确立了长江经济带"一轴、两翼、三极、多点"的发展新格局。《纲要》提出大力保护长江生态环境，以水环境治理为重点，加快绿色生态廊道建设。这就说明长江经济带必须走上生态文明的路径，使长江流域的环境污染得到治理，有利于改善中国整体的生态环境。

在这样的生态文明战略之下，长江经济带产业转型升级就是必然要求。如果依然依赖于现有的产业态势和格局，长江经济带绿色廊道的建设也就会沦为空话，更谈不上形成集聚度高、国际竞争力强的现代产业走廊。

5.2 长江经济带产业转型升级的模式

长江经济带产业转型升级，可以选择的模式有多种，主要为整合产业链模式、产业融合发展模式、传统产业改造发展模式、新兴产业培育发展模式等。总体来看，产业转型升级有几大历程，即由基于核心产业资源的资源组合集聚到要素配套式集聚，再到基于产业链延伸的产业融合集聚等几个阶段，这几个阶段体现了区域产业的发展路径：从依赖区域自然资源到依靠资本投入再到依赖智力资源。这个发展路径在每个阶段的成果会逐渐表现和体现为产业发展平

---

① 国家发改委. 长江经济带创新驱动产业转型升级方案［EB/OL］. http：//www. askci. com.

台的优化、产业结构的优化和产业效益的优化，最终体现为区域产业竞争能力和可持续发展能力的提高。

当前，世界进入了互联网时代，互联网经济席卷了全球产业。另外，创新经济也是全球经济发展的趋势，不创新，产业就很难有发展。在这样的时代背景下和上文所述的可选择的产业模式下，长江经济带产业转型升级的模式可以从以下几个方面入手：一是通过"互联网+"，重构产业创新能力来实现产业升级；二是通过产业融合创新，提升产业层级；三是重构产业价值链，推动产业转型升级；四是通过承接转移，改造传统产业，实现产业转型升级等几种模式。

5.2.1 基于创新驱动的产业能力重构模式

这种产业升级模式，就是在产业链上向更高端的方向发展，俗称创新升级。所谓创新升级，主要是着眼于提升所处产业链环节中的级别或端次，促使企业经营由低端向中端、高端发展[①]，向高技术产业、高附加值的领域延伸，例如由加工制造向上游的研发设计技术专利、技术集成融资、投资等延伸，向下游的流通体系、服务体系、产业链管理等延伸，这些上下游的精益活动就是现代服务业的内容，它的增值率更高，创造的价值也更高。在当前的世界经济背景下，基于"互联网+"的产业融合，更是产业升级的必然方向，增强了企业的更好发展的能力。

2012年首次提出"互联网+"这个概念，传承了2007年出现的"互联网化"概念，两者都强调传统产业跟互联网的跨界深度融合，通过互联网来提升改造传统产业，实现产业转型升级。目前，互联网可以跟传统的所有产业都实现融合，比如农业、金融业、文化产业等，给这些产业插上了一双翅膀，由行走上升为飞行。我们所熟知的余额宝、理财通以及P2P投融资产品等，就是互联网与金融的结合，诞生出的投资理财产品；再比如互联网和医疗的结合，使传统医疗有了新的平台，人们可以突破传统的求医问药的方式，通过网络实现在线治疗和咨询，扩展了医疗领域和空间；再比如互联网和商业的融合，线上交易成为潮流，改变了传统的购物方式，使淘宝、京东等一批互联网领军企业异军突起——这些都是最典型的"互联网+"的案例。"互联网+"是一种新的经济形态的代表，通过互联网充分发挥其在生产要素配置中的集成

---

① 王国平. 产业升级规律与中国特色的产业升级道路［J］. 上海行政学院学报，2013（1）.

和优化作用，利用互联网高创新性、强创造性的特征，并将互联网的创新成果跟经济社会的各个领域深度融合，促进和提升实体经济的生产力、创新力，实现产业发展由要素驱动向创新驱动的转变，形成更为广泛的以互联网为实现工具和基础设施的经济发展新形态。

5.2.2 基于产业整合融合的转型升级模式

这种模式实质上是带域内产业资源的互相整合，利用创新驱动产业融合，充分发挥创新对产业转型升级的支撑作用，通过融合提升产业层次，实现产业转型升级。在这个过程中，核心和动力源是创新驱动。所谓创新驱动，就是在产业发展中，强化企业的技术创新主体地位，更多依靠企业进行制度、管理、科学技术、商业模式、营销手段等的创新，通过创新获取市场认可和发展，走效益化和效率化新路，放弃粗放增长模式。

目前，长江经济带各省市都非常注重创新驱动产业转型升级，依托各省市创建的创新示范平台，推动产业创新。长江经济带各省市集中了一大批高新技术开发区，比如上海张江、武汉东湖、苏南、长株潭、杭州、成都高新等一批自主创新示范区，都承担了创新的平台作用，通过一系列支持措施，如资金支持、技术支持、产业配套支持、人才支持等，建设了一批产业技术创新战略联盟和产业技术创新服务平台，聚集和孵化了一大批创新型企业，着力突破核心关键技术，促进科技成果就地转化，不断提升自主创新能力，发挥了引领示范作用，推动产业的高级化、高技术化和新技术化，增强长江经济带产业竞争力和产业层次。2016年5月25日，国家发展改革委印发《关于建设长江经济带国家级转型升级示范开发区的通知》（以下简称《通知》），确定苏州工业园区等33个开发区为转型升级示范开发区。根据《通知》精神，这些开发区承担着长江经济带重要的产业转型升级任务：承接国际产业转移，促进开放型经济发展；承接国际、沿海产业转移，带动区域协调发展；产城互动，引导产业和城市同步融合发展；低碳减排，建设绿色发展示范开发区；创新驱动，建设科技引领示范开发区；制度创新，建设投资环境示范开发区。

在产业结构优化上，长江经济带依托天然的黄金水道优势，在产业布局上，把长江两岸的岸线资源和交通基础设施资源跟产业布局结合起来考虑，注重发挥各自的产业比较优势，实施错位发展，构建重点产业的链式协作和配套分工，加快长江上中下游的产业有序转移和承接，形成产业沿江分工协作体系，促进长江经济带产业空间合理布局和结构优化，打造电子信息、高端装备、汽车、家电、纺织服装等世界级产业集群，把长江经济带建成创新型沿江产业密集带。

5.2.3 基于改造提升传统产业的转型升级模式

提升改造传统产业，是基于价值链重构的产业转型升级模式，通俗地说，就是打造更为高端化的产业链条和价值链条，是在产业链条原有环节上提升层次，是对现有技术的应用。这种改造提升，可以通过技术升级换代、产品推陈出新和创造高层次的差异性来实现，比如购买设备、改造工艺，以此提高劳动生产率和产品质量；比如由软盘存储器升级为U盘和光盘，由一般加工制造升级为关键工艺、关键零部件、关键装备制造等。这种升级模式，是企业保持和提高竞争力的基础。这种升级模式大多数是先进企业在技术进步和市场力量推动下创新发展的结果，实际上中国企业应该创造条件逐渐进入这一领域。

当前对中国企业来说，关键是在产业链上的升级。我国一些产业的问题是长期维持两头在外，在国际分工中长期滞留在制造产业链的低端。这不仅是产业链中消耗资源、能源、劳动力最多，对环境污染最为严重，而经济效益最低的部分，而且，在国外公司控制着产品技术、品牌、营销渠道和产业链供应的情况下，中国企业实际上只能成为别人赚钱的附庸。培养自主创新能力、构建自主品牌营销渠道，实现在产业链上的升级，这是当前我国产业结构升级中最为紧迫的任务[1]。

5.2.4 基于培育发展新兴产业的转型升级模式

所谓新兴产业，是指基于重大发现和发明而产生的，将改变人类社会生产方式和生活方式的那些产品和由此形成的产业链与产业群。例如，当前的新能源环保产业、生命科学、生物工程、新型材料等。

新兴产业的形成，以重大技术突破和满足新的需求为基础，以创新为主要驱动力，产生了新的生产模式、营销模式和组织模式，拓展了产业领域，衍生了新的产品。新兴产业，通常具有附加值高、物质资源消耗少、技术密集、量质比高、成长潜力大、综合效益好、辐射带动力强的特性，当新兴产业一旦集群化发展，产业级别和产业层次自然得到了提升。目前，我国各省都将培育发

---

① 陈清泰. 实现产业链升级是产业结构最紧迫任务 [EB/OL]. http://finance.qq.com.

展新兴产业作为产业升级的主要抓手，充分发挥新兴产业引导未来经济社会发展方向的作用。

以上四种模式，都是产业转型升级的典型模式。选择何种模式来实现产业转型升级，要依据地方的资源特色、发展基础等来有针对性地选择。长江经济带幅员辽阔，省市构成多，资源条件和发展基础各异。因此，四种产业转型升级的模式在实践中都可以采用，并且已经在实践中得到了使用。

5.3　长江经济带产业转型升级的路径

长江经济带产业转型升级，迫在眉睫，但关键是如何实现产业转型升级。长江经济带产业转型升级是一个系统工程，是各种机制共同作用的结果。这些机制，或者说路径主要包括以下方面：

5.3.1　通过创新驱动，推动产业转型升级

创新是产业转型升级的核心驱动力，是产业转型升级的支撑。无论是采取培育新兴产业推动产业升级，还是采取更新改造传统产业推动产业转型的模式，创新都是核心要素。创新驱动之下，资源要素能够实现效率更高的整合，能够拓展产业领域，能够创造出新的产品，调长产业链条，调优产业结构，调强制造能力。

而通过创新推动产业转型升级，平台建设是重要的载体。长江经济带产业转型升级的平台，包括工程试验室、工程（技术）研究中心、国家（部门）重点实验室等实验室平台，创新产业园区、高新技术开发区、经济技术开发区等园区平台，以及工业技术研究院等科研院所平台。这些平台都是高新技术研发、高新技术企业孵化、产业培育的良好平台，已经在高新技术培育和产业转型升级中发挥了重大作用。长江经济带未来要通过完善一批、新建一批、提升一批的方式，建设国家、区域联合创新平台。

在平台内，还要优先布局一批区域制造业创新中心，推动有条件的地方研究建立长江经济带工业技术研究院，建设和完善一批面向企业的公共技术服务平台。加强企业技术中心建设，继续培育和认定一批企业技术中心和技术创新示范企业。实施创新企业百强工程试点，面向重点行业和领域提升骨干企业创新能力。促进国家重大科技基础设施和大型科研仪器向社会开放，实现跨机

构、跨地区开放运行和共享。

5.3.2　利用产业承接，推动产业转型升级

区域产业转移是指产业通过企业迁移的形式，由发达地区向相对不发达地区转移，从而形成企业跨地区迁移现象。通过产业在带域内不同区域之间的承接转移，改变产业区域布局状况，形成区域接力，也能推动长江经济带产业转型升级。

5.3.2.1　长江经济带产业转移承接的必然趋势

长江经济带产业在上中下游之间转移承接，是必然的趋势。首先，长江经济带上中下游之间存在着产业结构梯度差；其次，长江经济带上游地区正在加快"腾笼换鸟"，加上长江下游地区综合成本的上升和国家政策导向因素，长江经济带下游产业，尤其是加工贸易业向中上游地区转移之风再起；再次，发达国家产业转移正处于第四次浪潮中，长江经济带下游地区由于开放性和区位优势，也面临着承接发达国家产业转移的机遇。20 世纪三轮大的产业转移改变了世界经济的格局。第一轮是从 20 世纪 50 年代至 60 年代，欧美等发达国家传统的劳动密集型产业、高耗能工业向日本、西德等新兴国家转移，持续了近 20 年时间；第二轮是从 20 世纪 60 年代末至 70 年代，全球制造业向亚洲四小龙地区转移，持续了 15 年左右的时间；第三轮是从 20 世纪 80 年代至 90 年代，全球制造业向中国沿海地区聚集，持续了 10 多年时间。现在我们正在经历的是第四轮产业转移，主要是发达国家以及中国沿海地区的制造业向内陆地区转移。经过多年的快速发展，中国沿海地区资本相对饱和，本地市场已难以满足资本增值的需要，加之土地、劳动力、能源等生产要素供给趋紧、产业升级压力增大、企业商务成本居高不下、资源环境约束矛盾日益突出等问题，产业结构调整优化和升级成为必然，产业向中西部地区转移的趋势日趋明显①。最后，从长江经济带统筹综合来说，缩小带域内不同区域的经济发展差距、降低成本、激发市场需求、开拓新兴市场、合理利用国土空间、优化产业布局等，都促使着长江经济带要素、产业从东向西，从长江下游地区向长江中上游地区转移。

产业之所以能在不同区域转移，主要原因是产业在移出地已经不能发挥比

---

① 韦伟. 安徽承接长三角产业转移的几个问题［EB/OL］. http：//wenku. baidu. com. 2011-6-24.

较优势，或者产业发展在移出地受到了资源要素的制约。臧旭恒、何青松（2007）对此做了研究，并且构建了产业转移的动力机制。该动力机制是由于产业租金和地理租金的耗散，拥挤成本的存在使得要素价格上升，从而产业租金、地理租金与生产成本相互抵消导致的产业迁移。

区域产业转移有多种模式，比如水平型产业转移、垂直型产业转移、扩展型产业转移和规避型产业转移等，但不管是哪种产业转移模式，对于产业承接地来说，都有利于当地的产业转型升级。首先，转出地企业搬迁至转入地，势必会为产业承接地带来生产工具、技术、劳动力、组织管理方式等较为先进的生产要素，这些对产业承接地来说，是有利的；其次，当前全球产业转移已经进入了第四次浪潮，已经不是原来单纯的高污染、高耗能、劳动密集型产业的转移，而是慢慢从传统产业过渡到资金技术密集型产业，比如当前的加工贸易产业，这必然会带动长江中上游地区产业层次的提升，产业链条的完善和产业结构的优化升级。

5.3.2.2 长江经济带产业转移承接需要注意的问题

产业在长江经济带内由下游向中上游转移是必然的趋势，但在产业转移和承接过程中，有些问题需要特别注意：一是产业转移要注意防止产业的空间错配。所谓产业空间错配，就是产业在不同空间布局不匹配，比如长江下游已经失去比较优势的产业没有适时迁移转出，而长江中上游承接的产业中有部分跟当地的比较优势不相匹配，相匹配的具有比较优势的产业可能又出现向长江下游回迁的情况。之所以出现这种情况，原因主要是三个方面：一方面是因为，长江下游转出地政府对产业转移的阻碍，降低了失去比较优势的产业自发向外转移的动力；另一个方面是因为，不同的承接地政府之间存在着对产业承接的竞争行为，这种竞争行为助长了转移企业在区位选择中的机会主义行为，对区位的选择更多地考虑承接地给出的优惠政策而非资源匹配情况。基于此，对于长江下游地区来说，一方面要加快自身的产业转型升级，另一方面推动已经丧失比较优势的产业向长江中上游地区有序转移；而长江中上游地区要着力培育区域比较优势，增强承接转移产业的能力。

第二个需要注意的问题是要防止将区域产业接力变成了污染的区际接力。在上一次产业转移浪潮中出现了沿海发达地区的高耗能、高污染产业向长江中上游欠发达地区，甚至向生态脆弱地区转移的现象，使长江沿线生态受到了严重破坏，导致现在不得不花大力气进行长江生态屏障的建设。究其原因，主要在于两个方面：一个方面是承接地政府在考量产业承接时，更多地看重对当地经济发展的促进作用，而缺乏对生态环境破坏的评估，产业禁入管理制度缺位，使污染产业转移成为可能；另一方面，是地方政府对污染企业的处罚力度偏低，甚至有意识地忽略环保问题，而使环保失信企业有转移的生存空间。对此，长江中上游地区作为产业承接地，一方面要制定污染产业禁入目录、产业转移"负面清单"和"环保失信企业负面清单"，管控污染产业的禁入，确保承接产业不破坏当地生态环境，且有助于区域产业转型升级。

第三个需要注意的问题是要防止产业转移的梯度承接变成为低端承接。欠发达地区要素成本较低，但技术力量也较弱，配套产业相对不够完善，在引进产业时受到一定程度的制约，有可能引入的还是以低端产业居多。低端承接，对长江中上游地区产业转型升级是无益的，必须进行产业承接模式的创新和重新定位思考，从区域产业转型升级和产业链条的完善以及高端化角度出发，通过"主动选择承接""集群式承接"和"本土化根植性整合"，突破之前的"被动承接""低端承接"和"点式承接"，实现本地产业结构优化和产业升级，并促进长江上中下游地区产业梯度转移和反梯度转移的融合，推进长江经济带整体产业布局的优化和整体产业层次的升级以及区域之间的协调发展。

第四个需要注意的问题是避免长江下游产业转出地的产业空心化问题。如果长江下游产业转出地一方面迅速将制造业等产业向长江中上游地区转移，另一方面却没有及时培育或者引入新兴产业或者新兴产业的成长速度较慢，不能及时填补产业转移后造成的产业空白，就会对长江下游发达地区的生产能力和就业等产生较大的影响，造成所谓产业空心化问题。

第五个需要注意的问题是移出地与承接地考量错位和地方政府无序竞争的问题。所谓移出地与承接地考量错位，就是两个地方在产业移出和承接上不一定相匹配。对于移出地来说，为了促进本地产业结构优化升级，会推动技术含量和产品附加值都低的产业向外转移，从而为新兴产业的培育和发展腾出空间和资源。而对于产业承接地来说，也更希望承接那些科技含量高、附加价值高、投资体量大的产业和企业，从而为本地新的经济增长极的培育提供条件。另一方面，产业移出地和产业承接地在资源环境方面也存在着考量错位。产业移出地，更倾向于鼓励资源消耗型、劳动密集型的企业和产业向其他地区转移，希望低耗能、低投入、低污染、高附加值的产业和企业留在本区域。而产业承接地政府，现在在产业承接中，也会考虑承接的产业对当地环境、能源消耗等方面带来的负面作用，并不是无选择地承接。所以，长江经济带通过产业转移承接来实现产业转型升级，在现实中实际上是存在产业移出地和产业承接地政府考量上的错位问题的。

另外，地方政府间还存在竞争和博弈的问题。这种竞争和博弈体现在两个方面。一是移出地政府和承接地政府间的博弈。市场经济下，企业有自主选择的权利，而新兴产业和企业成为移出地政府和承接地政府争相争取的对象。产业移出地政府根据本区域产业发展目标，对企业进行分类，并采取不同的政策。对于那些高附加值、带动性强的新兴产业，会给予土地、税收、金融支持等方面的优惠政策；而这些产业和企业也同样是产业承接地政府希望承接的产业，因此也会通过完善交通、信息、物流等基础设施建设、财政支持、土地优惠政策、税收返还政策等来降低企业的运营成本，并运用补贴手段来对企业地域选择和投资决策做出影响。地方政府间的竞争还体现在产业承接地政府之间的博弈。产业承接，特别是高端产业和大型项目的承接，无疑对于带动地方经济增长，促进地区产业优化升级具有重要作用，其经济成本和时间成本远低于通过培育新兴产业来推动产业结构转型升级。因此，长江中上游一些地方政府对这些项目在承接时就会有激烈的竞争，这种竞争的激烈程度甚至高于企业之间的竞争。有些地方政府对于符合产业发展定位和目标的大型项目，甚至不惜举全省之力来争取项目落地，比如为项目落地划拨专门的土地、建设专门的公路、发电厂、为企业建设厂房等配套基础设施，给予税收优惠和提供生产补贴。这在短期内可能会为当地带来 GDP 和税源，但大量的补贴长期可能无以为继，既给地方财政造成沉重负担，也不利于企业在日趋激烈的市场竞争中生存发展。因此，在建设长江经济带、促进产业有序转移过程中，应当遵循以下基本原则：将比较优势与价值链重构相结合。东部地区发挥技术、人才、服务等方面的优势，以创新求发展，向全球价值链的高端攀升，将劳动、资源密集型产业向中西部转移，以充分利用中西部地区的原材料、资源，发挥要素成本相对较低的优势。借鉴全球价值链模式，沿长江经济带，延长和拉伸国内产业链，重构基于自主创新和内需市场的国内价值链。随着产业链、价值链环节的增多和链条的拉长，不同地区不同行业不同环节之间可以协同互动，促进长江经济带的产业转型升级。

5.3.2.3 长江经济带各省市利用产业转移承接推动产业转型升级的实践

长江经济带域内的产业转移和利用产业承接来推动产业转型升级已经实施了很长一段时间，并且取得了一定的成效。各省市利用产业承接来推动产业转型升级的主要实践做法如下：

（1）长江下游的上海、江苏、浙江等省市利用承接外资推动产业转型升级

①上海利用承接外资推动产业转型升级的实践

上海早前曾经定位于建设成为国际经济中心、金融中心、贸易中心和航运中心"四个中心"，力图成为能够同美国纽约、英国伦敦、日本东京相媲美的现代化国际大都市，为此进行了深入的改革开放，利用创新驱动发展，推动产业和经济转型升级。加上 2009 年即开始的异地工业园的加快建设和 2013 年成立的上海自由贸易区建设，上海企业未来的生存常态和经营模式应该是研发和营销总部设立在上海，生产设立在外的"两头在沪，中间在外"的经营模式。

从产业承接转移来看，上海一方面是产业移出地，另一方面作为国际化大都市，也通过承接外资来推动本地产业转型升级，聚焦产业链、价值链和创新链的融合。2015 年上海市利用外资规模位居全国首位，再创新高。上海合同利用外资额达到 589 亿美元，同比增长 86%；对外直接投资总额 573 亿美元，同比增长 3.7 倍，规模均居全国之首；实际利用外资达到 184.59 亿美元，同比增长 1.6%，连续 16 年实现增长；新签对外承包工程合同额 111 亿美元，连续 8 年超过百亿美元。上海利用外资来推动产业转型升级的主要做法和特点如下：

一是引进的外资集中在服务业、以服务业为主。2015 年，上海服务业实际利用外资 159.38 亿美元，占全市实到外资的 86.3%，以服务业为主的引资结构继续巩固。商贸业、租赁和商务服务业利用外资稳步增长；以融资租赁为主的金融服务业、以"互联网+"为代表的信息服务业利用外资快速增加，实际利用外资同比增幅均超过 70%；医疗、养老、旅游、文化产业的外商投资日趋活跃。制造业实际利用外资达 24.9 亿美元，同比增长了 42.8%，占全市实到外资的比重升至 13.5%，化工、生物医药、电子设备制造领域利用外资大幅增加。二是加快集聚总部机构，推动总部经济建设。2015 年上海对跨国公司的吸引继续发力，总部机构不断集聚，已成为中国内地跨国公司地区总部落

户最多的城市。越来越多的跨国公司选择上海作为其全球战略和协同体系的核心，并不断拓展贸易、研发等功能。数据显示，2015全年，上海新设跨国公司地区总部45家，其中汉高、恩智浦、亚什兰等15家企业设立了亚太区总部，新增投资性公司15家。截至2015年年底，累计落户上海的跨国公司地区总部、投资性公司分别达535家、312家。同时，由于上海积极鼓励外资研发中心参与上海科技创新中心建设，全年共引进费森尤斯医药、中芯国际集成电路等外资研发中心15家，累计达到396家。

随着上海自贸试验区外资管理制度改革的推进和服务业扩大开放措施的不断落地，上海外资发展注入了新的动力。2015年，上海自贸试验区共新增外资项目约2 800个，合同外资超过350亿美元，实际利用外资超过30亿美元。融资租赁、工程设计、旅行社、游戏游艺设备生产销售、演出经纪、船舶管理、增值电信等行业的扩大开放措施取得了积极成效，到2015年年底，54项扩大开放措施累计共有超过1 300个项目落户自贸试验区。

未来，上海将继续围绕"四个中心"和科技创新中心建设，实施更加积极主动的开放战略，融入"一带一路"国家战略，深化外资管理体制改革，促进投资贸易便利化，完善外商投资促进工作体系和外资综合服务体系，为外商投资企业在沪投资兴业提供更优质的"沃土"①。

②江苏利用产业承接，推动产业转型升级的实践

江苏作为沿海发达省份，一方面积极对接国际产业结构调整的机遇，承接国际产业转移，另一方面着眼于省内南北发展挂钩，优化全省产业布局，推动全域共同发展。

开放型经济是江苏经济发展的重要特色，而利用外资就是开放型经济的必然之义。2003—2014年，连续12年江苏外资实际利用一直保持了全国第一，只是在2015年才被广东超过，位居实际利用外资全国第二，但2015年，江苏省外资企业数也达到56 530家。2016年上半年，商务部给出的统计数据显示，江苏实际使用外资131.68亿美元，同比增长14.1%，超过广东省28.35亿美元，重新回到全国第一。大量外资的涌入，为江苏经济发展提供了助推力，带来了人气的持续集聚，先进的管理理念和技术水平，也推动了江苏产业转型升级。外资企业为江苏贡献了四分之一的固定资产投资和税收、超过六成的对外

---

① 中经未来产业研究院. 2015年上海市利用外资状况及展望［EB/OL］. http：//www. 19baogao. com.

贸易额、超过七成的高新技术产品进出口和三成以上的就业岗位，加快了全省的国际化、现代化进程。

江苏利用外资助推产业转型升级的做法主要有以下几点：一是由原来的招商引资变更为招商选资。在引进外资的工程中，强调先进制造业和服务业相吻合，注重引进高端产业，选择项目上要求更高，也考虑引进的项目对环境的影响。另外，适时进行对过剩产能的转移，主要将过剩产能转移到中西部地区以及东南亚一些国家。二是引进外资产业的结构不断优化，制造业占比明显下降，服务业比重不断提升。江苏第二产业实际外资占比从 2000 年的 90.1% 下降到 2014 年的 54.4%，2015 年 1—9 月进一步下降至 51.7%；第三产业实际外资占比从 2000 年的 9% 上升到 2014 年的 43.5%①。

③浙江利用产业承接，推动产业转型升级的实践

在长江经济带内，浙江同上海、江苏一样，在承接产业的同时，也是产业移出地。21 世纪初，浙江为了应对和破解在经济发展过程中出现的土地、环境、能源等问题，就研究部署利用宏观调控进行"腾笼换鸟"，倒逼产业结构的转型升级。2013 年，浙江省提出"四换三名"战略，作为产业转型升级的重要抓手。所谓"四换"就是指"腾笼换鸟"、机器换人、空间换地、电商换市；所谓"三名"是指打造名企、名品和名家。"四换"体现了浙江的创新。"机器换人"，实质是产业技术的创新。将创新的技术成果大规模转换应用于产业，利用机器操作替代人力操作，既节约了劳动力，又实现了技术成果的转化。与此同时，进行人力资本的开发，大规模提高劳动生产率。这是一种积累、开发人才资源，提高劳动力素质的重要举措，浙江省称之为"人换人"，从而使浙江经济发展不仅立足于产业技术进步，而且立足于人力资本积累的基础上。"空间换地"的实质是创新要素配置方式。在规划上不搞割裂规划，而是把浙江整个领域看作一个大城市来统一规划，优化区域功能定位，从而优化生产力的空间布局。再通过市场机制，特别是价格机制来优化土地资源配置，提高土地资源的利用效率。"电商换市"，实质是创新商业模式。既注重发展实体经济，也注重发展虚拟经济，并且强调实体经济和虚拟经济的融合，提升市场控制力，打造"市场强省"，从而实现在全球的买卖交易。"三名"，就是花大力气培育一批知名企业、知名品牌和知名企业家，苦练内功，打造百年企

---

① 王奕男. 江苏外资企业转型升级步伐加快第三产业占比已升至 43.5% [EB/OL]. http://news. jschina. com. cn.

业，用一批优势龙头企业支撑起浙江制造①。

在"四换三名"战略下，浙江产业加快了转型升级，同时也作为产业移出地，带动了长江中上游产业的升级和转型。据统计，2015年1至11月，浙江省战略性新兴产业、高新技术产业、装备制造业增加值占全省规上工业比重分别为25.5%、36.1%和36.6%，比去年同期分别提高0.6个、1.3个和1.5个百分点；八大高耗能行业占比下降0.3个百分点；规上工业新产品产值率为31.3%，同比提高3.2个百分点。总的来说，2015年浙江主要淘汰落后和过剩产能，推进"低小散"块状行业整治提升，推进工业特色小镇、新型工业化产业示范基地等产业平台的建设。2016年，浙江省继续贯彻落实《中国制造2025》战略，把稳增长与促转型、调整产业结构与优化组织结构、"走出去"与"引进来"更好结合，淘汰落后产能涉及企业1 000家以上，整治提升"低小散"企业（作坊）10 000家以上。此外，建设一批工业特色小镇和新型工业化产业示范基地，培育发展信息、环保、健康、时尚、高端制造等新兴主导产业。

同时，白1999年以来，浙江省一直是全国跨区域直接投资最大的省份，海外投资也迅猛发展。2015年，浙江省对外直接投资额首次突破一百亿美元大关，同比增长1.4倍。对外承包工程完成营业额401亿元，比2014年增长26.4%；全省外派劳务人员实际收入总额9.5亿元。经审批和核准的境外投资企业和机构共计760家，比上年增加183家；对外直接投资额908亿元，增长1.5倍；实际投资350.5亿元，增长54.9%；合同外资278亿美元，实际利用外资170亿美元，分别增长14%和7.4%。第二产业投资势头良好，合同外资103亿美元，实际利用外资72亿美元，分别增长7.6%和21.4%。其中制造业实际利用外资69亿美元，增长27.4%，占实际利用外资总额的40.9%，比重比上年提高4.8个百分点。第三产业合同外资175亿美元，实际利用外资97亿美元，分别比上年增长20.1%、下降1.2%，占外资总额的比重分别为62.8%和57.1%②。

由于对外投资的快速增长，浙江产业转移迅速推进。不仅是浙江原具有比较优势的传统劳动密集型产业，如纺织服装、制鞋、眼镜、打火机、箱包、家具、工艺、建筑材料等行业通过对外投资不断向中西部地区转移，近年来一些

---

① 陈炫如. 转型抓手"四换三名"[EB/OL]. http：//2j. sina. com. cn. 2014-3-13.
② 2015年浙江省国民经济和社会发展统计公报 [EB/OL]. http：//www. zj. stats. gov. cn.

新兴产业，如光伏、设备制造等产业也出现了向外转移的势头。

（4）安徽、江西、两湖、四川和重庆等属于产业承接地

近年来，安徽省抓住中部崛起的战略契机和国内外产业结构调整的机遇，发挥区位优势，积极争取设立了全国第一个国家级承接产业转移示范区——皖江城市带承接产业转移示范区，在产业承接转移上凸显了显著的成效，无论是利用省外资金，还是利用境外资金，都取得了量质并举的良好态势，促进了安徽产业结构的调整升级。

江西省提出了"对接长珠闽，融入全球化"战略，抓住东部地区产业向中西部地区转移的趋势，主动承接，取得了良好的开放经济成效。2015年，江西省新批准外商投资企业640家；合同外资金额73.67亿美元，实际使用外资金额94.73亿美元。2016年是江西实施全面开放战略、打造内陆双向开放高地的第一年。该省2016年3月12日提出，2016年将确保该省实际利用外资总量突破100亿美元。江西省采取"高位推动、内外结合、省市联动和横向协作""走出去"和"请进来"相结合等方式，聚焦制造业重点发展产业、现代服务业，聚焦重点地区，推动外企入赣、民企入赣、央企入赣和赣商回乡创业创新①。

再看湖北。湖北的工业基础、交通条件、科教水平和实力跟沿海地区有一定的可比性，而且就商务成本和资源条件来说，甚至还更优于沿海地区。加上国家的中部崛起战略，湖北已经成为拓展内需市场的前沿阵地，竞争力和发展势头都越来越好。近几年，湖北在承接转移产业方面，也取得了相当不错的成绩。武汉阳逻经济开发区抓住电子商务发展的契机，引入京东建设全国物流中转中心，进而发挥"磁力"效应，吸引了相关制造业企业落户。尤其是2015年在经济下行压力增大的背景下，湖北省外商投资企业还逆势增长。2015年湖北省新登记外商投资企业944户，同比增长17.85%。其中，分支机构涨幅迅猛，同比增幅达31.33%。截至2015年年底，湖北省实有外商投资企业8646户②。党的十九大以后，湖北迅速响应党中央对于长江经济带发展战略的思路号召，做出了长江岸线化工企业"清零"行动，岸线一千米内所有化工企业全部退出，腾挪后的岸线区域，将用来发展旅游等产业。湖北将在近岸地带以保护长江为抓手，清退低端污染企业，做好面子工作；远离长江的腹地则

---

① 苏路程. 江西今年实际利用外资总量欲突破100亿美元［EB/OL］. 中国新闻网，2016. 3. 13.
② 商务部. 2015年湖北省外商投资企业逆势增长［EB/OL］. http：//finance. sina. com. cn.

在布局高端产业上发力，大力发展生物制药、电子信息和新材料、先进制造业①，推动产业转型升级，实现产业体系的高质量发展。

湖南省为了适应经济新常态，在稳增长促改革调结构惠民生方面多措并举，实施了系列政策措施，推进"四化两型"战略（"四化"是指新型工业化、农业现代化、新型城镇化、信息化，"两型"是指资源节约型、环境友好型）、建设"四个湖南"（绿色湖南、创新型湖南、数字湖南、法治湖南）、实现"五个发展"（优化发展、创新发展、绿色发展、开放发展、人本发展）等，化解风险，应对挑战。在产业承接方面，促进产业结构调整升级方面，更是推进了多种措施。2011年10月6日，湖南设立湘南承接产业转移示范区的请示得到国家发展和改革委员会正式批复。这是继安徽皖江城市带、广西桂东、重庆沿江承接产业转移示范区后第四个国家级承接产业转移示范区。湖南根据湘南地区的发展基础，进行了合理的产业布局。衡阳重点承接发展装备制造、新能源新材料、精细化工、电子信息、矿产品精深加工等产业，大力发展现代物流、生态人文旅游、文化创意等产业，形成中部地区重要的先进制造业和现代服务业基地；郴州重点承接发展有色金属精深加工、电子信息、生物医药、新材料、先进制造等产业，成为泛珠三角地区重要的有色金属精深加工基地、加工贸易基地、旅游休闲基地，打造湘粤赣边际区域中心城市；永州重点承接汽车及零部件、生物医药、矿产加工、电子信息和农产品加工等产业，构建加工贸易基地、汽车零部件制造基地、农产品精深加工基地，建成中部地区对接东盟的"桥头堡"②。2015年9月，湖南省政府出台《关于进一步支持湘南承接产业转移示范区建设的若干政策措施》，明确从资金、用地、环保、金融等8大方面出台18条措施推动湘南承接产业转移示范区建设迈上新台阶。在湖南省看来，新形势下，承接产业转移仅仅依靠拼优惠、拼资源、拼劳动力的时代已经过去，吸引投资的方式将主要向"重质量、优环境、强服务"转变。到2020年，湘南产业转移示范区将形成"三极四带"产业布局：打造衡阳、郴州和永州三极；形成以京港澳高速和京广铁路、武广客运专线，二广高速和洛湛铁路，泉南高速和湘桂铁路，厦蓉高速和台南高铁四组交通干线为主

---

① 央视《新闻联播》聚焦湖北：培育长江经济带新引擎［EB/OL］. http：//hb. ifeng. com.
② 湘南板块成为国家级承接产业转移示范区［N］. 湖南日报，2012-04-09.

轴的四条"井"字形承接产业转移集聚带①。

重庆市近年来紧扣国家"一带一路"建设和长江经济带发展战略部署，加快内陆开放型经济高地建设和产业转型升级发展，加强与东部沿海地区协调联动，承接国内外产业转移取得明显成效。2013—2015 年，重庆市累计承接国内外产业转移资金 23 771.6 亿元，年均增长 17.5%。其中，实际利用内资 21 784 亿元，年均增长 19.2%。从资金来源地看，实际利用内资以东部沿海省市投资为主，占比为 66%，培育形成了电子信息零部件、汽车零部件、精细化工、纺织服装和消费品制造等产业集群。从行业结构看，沿海投资中制造业占 40%，基础设施占 15%，旅游业占 6%，商贸服务业占 6%，物流业占 11%，其他占 22%。从投向的区域看，都市功能核心区、都市功能拓展区和城市发展新区吸收沿海产业转移总量大，分别占沿海投资总量的 22%、20% 和 35%，反映出主城及近郊商务环境较优、集聚效应较强。重庆市东北、东南两翼按照功能定位选择性承接了沿海劳动密集型、生态农业、旅游等产业，承接的产业投资总量分别占沿海投资的 15% 和 8%，主要分布在万州、开县、云阳、黔江等条件相对较好区域。随着投资环境进一步优化，利用外资实现稳步增长，连续保持每年 100 亿美元以上的规模，成功引进超过 260 家世界 500 强企业。一批重大外资项目成功落户重庆市，投资 80 亿的巴斯夫 40 万吨 MDI 一体化项目已正式投产，年产 30 万台整车和 30 万台发动机的现代汽车项目开工，投资总额超过 60 亿的重钢—浦项冷轧镀锌钢板等项目签约②。2016 年来，为承接粤港澳产业转移，打造十大加工贸易产业集群，重庆市以渝北区、两路寸滩保税港区、九龙坡区、巴南区、江津区、永川区、北碚区、双桥经开区、潼南区、梁平县、云阳县等相关区县和园区为成员单位的招商工作小组，围绕服装鞋帽、箱包、体育健康器材、钟表、食品、灯具、玩具、高端饰品、精密仪器、生物医药十大行业，并梳理了各产业 100 多家目标企业名单，按照"龙头企业+上下游产业链企业+生产性服务业配套企业"的模式，着力打造产业带动强、财税贡献大、产业链条完善、具有创新引领示范作用的优势产业集群③。

———————————

　　① 湖南 18 项措施支持湘南承接产业转移示范区，重点构建"三极四带"产业布局［EB/OL］. http：//news. xinhuanet. com.

　　② 重庆市承接产业转移提质加速［EB/OL］. http：//news. 163. com.

　　③ 加快承接粤港澳产业转移，重庆将成粤商投资热土［EB/OL］. http：//cq. qq. com.

四川省在产业承接方面，立足于产业梯度转移规律，同时推进招商引资和产业发展。在承接产业转移过程中，牢牢锁定在产业链中居于主导性、基础性、带动性和具有风向标价值的行业巨头，通过引入这些行业巨头从而迅速积聚起规模庞大的产业集群，打造"垂直整合、立体打造产业高端集群"的产业承接模式。2013 年 4 月，《四川广安承接产业转移示范区实施方案》获国家发改委批复，广安成为四川省首个承接产业转移的示范区。在产业承接发展重点方面，优先承接知识技术密集型产业，积极承接劳动密集型产业，有序承接资源加工利用产业，大力承接发展现代服务业，促进现有产业提升改造与承接产业的有机结合，构建现代产业体系。与此同时，在承接产业布局方面，利用广安经济技术开发区、沿渠江产业发展带、渝广交界产业合作发展带的产业基础和配套条件，依托现有开发区，以东西部合作共建、西部毗邻地区合作共建产业园作为重要载体和平台，促进承接产业集中布局、集聚发展①。自 2013 年以来四川累计引进内资超 2 万亿元，对 GDP 的贡献率超过 10%。在招商引资项目上，四川着力于引进能够带动产业升级的高新技术项目，以新一代信息技术、汽车制造、新能源、新材料为代表的一批重大产业项目落户四川。四川认为，投资促进是推进产业转型升级、增强经济竞争实力的重要推手，要创新思路、创新方法，坚持对标先进、突出重点，推动高水平开放合作；要务实搭建重大投促平台，集聚整合更多的发展资源；要加强重大产业项目招引政策支持力度，在抓好签约项目落地实施和加强投促队伍建设上下更大功夫，进一步营造开放合作的良好营商环境，推动全省投资促进工作不断取得新成效。2016 年四川省力争引进到位国内省外资金 9 500 亿元，实际利用外资保持在 100 亿美元以上②。

　　贵州省作为欠发达地区，其发展水平和富裕程度，是国家兴旺发达的重要标志，是西部和欠发达地区与全国缩小差距的一个重要象征。为了尽快发展，贵州近年来加大开放力度，通过资源、劳动力、改革、生态、政策等红利的叠加释放，吸引越来越多的国内外投资商，在招商引资和产业承接方面获得了成效。贵州认为，承接产业转移，是促进贵州产业优化升级、增强区域竞争力的迫切需要，是加快推进我省工业化和城镇化进程的重要举措。承接产业转移，

　　① 广安成四川首个承接产业转移示范区 [EB/OL]. http://scnews.newssc.org.
　　② 马川军. 今年四川省力争引进内资 9 500 亿元利用外资 100 亿美元以上 [N]. 中国经济导报，2016-02-25.

要充分发挥资源优势、巨大的发展空间和人力资源优势，抓住历史性重大机遇促进产业聚集，增强经济总量，提升经济质量，推进新型工业化进程。贵州有丰富的资源和充足的能源，劳动力又相对便宜，再加上西部大开发十年来交通等基础设施的大力改善，因而具备承接产业转移得天独厚的条件。近年来贵州省发挥后发优势，紧紧围绕工业化和城镇化带动战略，着力改善投资环境，不断加强与泛珠三角区域的合作，承接产业转移崭露头角，产业升级迈出新步伐。2010年以来，贵州引进泛珠三角区域投资额3 000万元以上的项目3 900个，投资总额16 238亿元，实际到位资金8 217亿元。其中，广东、四川、福建项目的投资额位列前三，占比分别为26.4%、22.6%和10.9%。2013—2015年，贵州省实际利用外商直接投资61.15亿美元，年均增长达到28.6%。

在产业类别上，贵州省大力推动能矿资源深加工业、装备制造业、现代服务业、高新技术产业、现代农业、劳动密集型产业等产业承接，同时重点承接符合产业发展导向和市场需求、产业链条长、带动能力强、有利于资源节约利用和生态保护的生态型产业和战略性新兴产业。目前，TCL集团、万科、戴尔、华为、英特尔、甲骨文、谷歌、百度、富士康、奇瑞、吉利等一批知名企业已经入驻贵州。

在工作举措上，贵州省主要通过优化投资环境、搭建园区平台、创新招商方式等，推动承接产业转移迅速落地见效。截至2015年年底，贵州迈入高铁时代，实现了县县通高速公路、通航机场市州全覆盖、乌江基本通航，逐步构建起快捷、畅通的交通网络体系，有力地改善了承接产业转移的硬环境。贵州省还通过完善"项目责任制""限时办结制""全程代理制"、重大招商引资项目联系责任等制度，进一步简化审批程序，提高工作效率，全力优化承接产业转移的软环境。同时，贵州省通过各类招商引资平台大力开展宣传推介，灵活利用以商招商、会展招商、小分队招商等多种方式，促进产业转移落地生根、发展壮大①。

再说云南。2011年5月，国务院就支持云南省加快建设面向西南开放重要桥头堡出台指导意见，提出要把云南打造成为我国重要的清洁能源基地、新兴石油化工基地，重点推进化工、有色、钢铁等产业优化升级。云南将积极承接东部产业转移，以工程承包带动装备等走出去，积极参与"一带一路"沿线国家重要港口、园区建设等，推动产业转型升级。2016年年中，国务院发

---

① 发改委网站. 贵州承接产业转移崭露头角［EB/OL］. http://news.163.com.

布《关于促进外贸回稳向好的若干意见》提出进一步完善加工贸易政策，支持加工贸易向中西部转移。商务部也希望尽可能把加工贸易留在国内，"把根留住"。为此，云南省积极响应国家号召，充分利用区位优势与当地资源，将云南打造成为进可攻、退可守的承接产业转移重地。云南引进一些大集团与企业到省内投资建厂的同时也将为当地带来大批专业人才与技术；要充分利用这些资源提升改造本地传统民营企业，调整以传统重化工为主的产业结构，充分利用本地资源，延长产业链①。2015 年，云南省引进省外到位资金 6 488 亿元，直接利用外资 29.9 亿元。

5.3.2.4 长江经济带各省市下一步利用产业承接推动产业转型升级的启示

上文我们对长江经济带 9 省 2 市的产业转移承接实践进行了考察分析，可以得到一些有助于产业转型升级的启示：

（1）利用产业承接，注重培育新的区域竞争优势

在产业转移和承接过程中，单纯地移出或者移入对区域未来的产业发展来说还远远不够，除了要立足于本身的产业比较优势外，更为重要的是通过产业的承接或者转移，有意识地培养区域新的竞争优势。这个新的竞争优势的培育，有赖于一方面对现有的资源禀赋进行优化整合，选择产业链条上高价值部分进行培育；另一方面要努力实现对资源要素禀赋低成本优势的依赖向技术型、创新型的高级竞争要素转变，尤其是对产业承接地来说，否则将会长期陷入低附加值产业领域，并最终陷入"比较优势低质化"的泥淖中。

（2）产业承接要注重适应性原则

产业承接并不是简单、单纯地招商引资行为，而是关系到未来区域的可持续发展问题，因此在产业承接时，要坚持区域适应性原则，有所承接有所不承接，根据产业发展规律和产业优化升级的要求，有选择地引进产业。引进的产业一方面应该同当地的产业链条、产业要素禀赋、产业生态和产业配套状况相适应，另一方面引进的产业尽可能地高端化。但这个高端化要建立在产业承接地是否能够消化、吸收和再创新，是否能够对接国家和区域的产业政策、产业定位、发展需求，是否有助于产业承接地产业结构的转型升级等基础上。

（3）在产业转移承接时，要注重打造集群转移和集群承接的新模式

---

① 让云南成为承接产业转移"新高地"［N］. 国际商报，2016-06-20.

产业集群的形成和发展，具有极化效应，能够获取集聚效益和规模效益。改革开放以来，沿海发达省市的产业集群发展较快，产业链也较为完善。但在新一轮经济浪潮中，沿海发达省份的产业集群遭遇了要素成本上升、市场需求特别是国外市场需求萎缩的问题，需要进行产业转移和结构调整，以应对这种市场形势。但单个企业转移存在着一定的风险，如果产业集群转移，则有完整的产业链条，有助于克服水土不服的问题，也能继续获取集聚效益。对于产业承接地来说，承接产业集群，能够节省集群培育的时间和培育失败的风险。但产业承接地一定要科学规划，优化布局，要有前瞻性眼光。

（4）在产业转移中，要注重产业配套的完善性

产业链条的完善，有助于实现产业集聚效益。因此，在承接产业转移时，产业承接地要有选择地引进和培育能够发展本地优势的产业，对本地发展具有关键意义的产业或者说企业，以及跟本地的产业具有强的前向、后向关联效应的产业。通过承接嵌入，来带动本地产业向纵深和宽领域高水平方向拓展。也就是说，产业的承接，要在深刻地分析当地产业链和价值链状况的基础上，有目的有目标地选择，要注重产业配套的完善性。

（5）在产业承接中，要通过打造硬环境和软环境来吸引产业移入

在新一轮产业承接转移中，不同地区之间实际上还是存在一定的竞争的。因此，当发现跟本地要素禀赋和未来产业发展规划相适应的产业转移时，首先，长江经济带产业承接地政府要通过软硬环境的打造，通过为转移产业企业创造良好的发展条件来吸引企业的入驻。硬环境方面包括基础设施、信息化条件、能源供应状况、要素成本条件等。基础设施，特别是交通设施的完善，是吸引企业入驻的一个重要因素。一体化和立体化的交通设施，对于企业发展来说，意味着良好的物流环境和投资条件。其次，要建设信息高速公路，打造快速的信息通道。最后，采取多种措施保证充足的能源供应，并实施政策措施，切实降低企业的能源使用成本。比如四川在 2016 年，通过直供电降价方式、降低物流成本等方式来降低企业成本。全省直购电用户平均降价幅度约 0.1 元/千瓦时，部分重点工业企业电价降幅达 0.2 元/千瓦时；调整达万、广巴等 9 条线路货物直通运价；扩大直购电试点参与范围等，进一步降低制度性交易、税费、要素、融资、人力、物流六个方面成本，减轻企业负担超过 400 亿元。推出直供电、天然气转供改直供等组合政策，降低非居民用天然气价格，今年有望减负 240 亿元以上。这种措施有力地吸引了外地企业的移入。

在软环境方面,一是打造良好的生态环境,如公园和花园式办公环境的打造;二是加大政务服务改革,特别是机制体制改革和诚信、法治政府的营造,提高政府工作效率,节省企业入驻和生产时间,提高企业生产效率。比如成都天府新区的商事制度改革,在省市先后开展一照多址、先照后证、一照一码、五证合一、全程电子化上网和电子营业执照、个体工商户两证合一等商事制度改革。天府新区大力推进企业注册审批制改革,实施了企业集群注册,实行容缺后补审批机制,试点了省、区纵向并联审批。天府新区不断提升政务效率,积极探索国地税合并办税,推行了"一窗通办"改革和民生服务"全域通办",营造了良好的服务环境,吸引了国内外品牌企业的入驻。

5.3.3 以绿色廊道建设思路统领产业选择和发展方向

长江是中华民族的母亲河、生命河,也是中华民族的重要发展支撑。长江兴,则中华兴;长江美,则中华美。因此,长江经济带未来的发展,必须走生态优先、绿色发展之路。在这样的发展思路之下,长江经济带的产业转型升级,就必须朝着有利于建设长江生态屏障的绿色发展之路前进。习近平总书记在中央财经领导小组第十二次会议上也强调:推动长江经济带发展,理念要先进,坚持生态优先、绿色发展,把生态环境保护摆上优先地位,涉及长江的一切经济活动都要以不破坏生态环境为前提,共抓大保护,不搞大开发。思路要明确,建立硬约束,长江生态环境只能优化、不能恶化。要发挥长江黄金水道作用,产业发展要体现绿色循环低碳发展要求。2016年推动长江经济带发展,要着力打造"一道两廊三群",坚持走生态优先、绿色发展之路。"一道两廊三群",即大力构建绿色生态廊道、建设综合立体交通走廊和现代产业走廊、发展沿江三大城市群,充分发挥协商合作机制作用,推动长江经济带发展迈上新台阶。

这种发展定位,也就引导了长江经济带产业转型升级的方向:通过改革开放,由要素驱动向创新驱动转变,尽力发展新动能,促进产业转型升级;加快淘汰落后过剩产能,产业发展要走绿色低碳循环发展的道路。一是增强保护和修复长江生态环境的意识和理念,以引导具体的行动。意识和理念是行动的先导,树立绿色发展理念,才能有效发展绿色产业。二是对长江经济带沿线各省市的具体状况通盘考虑,确定各省市主体功能区规划,明确生态功能分区,划定生态保护红线、水资源开发利用红线和水功能区限制纳污红线,强化水质跨界断面考核,推动协同治理,严格保护一江清水,努力建成上中下游相协调、人与自然相和谐的绿色生态廊道。三是保护和改善水环境，修复水生态，合理利用和有效保护水资源以及长江岸线资源。四是打破行政区划界限和壁垒，有效利用市场机制，更好发挥政府作用，加强环境污染联防联控，推动建立地区间、上下游生态补偿机制，加快形成生态环境联防联治、流域管理统筹协调的区域统筹协调发展新机制。长江上游省市在生态环境保护和生态屏障建设上要承担更多的责任，而中下游省市则要加大产业发展对上游省市的支持力度，建立可持续发展的资源环境支持体系。五是建立长江经济带产业绿色发展指标体系，对不符合要求占用的岸线、河段、土地和布局的产业，必须无条件退出。六是建立长江生态保护补偿机制。通过生态补偿机制等方式，激发沿江省市保护生态环境的内在动力。依托重点生态功能区开展生态补偿示范区建设，实行分类分级的补偿政策。按照"谁受益谁补偿"的原则，探索上中下游开发地区、受益地区与生态保护地区进行横向生态补偿。七是开展生态文明先行示范区建设。全面贯彻大力推进生态文明建设要求，以制度建设为核心任务、以可复制可推广为基本要求，全面推动资源节约、环境保护和生态治理工作，探索人与自然和谐发展有效模式。八是属于产业承接地的长江中上游地区要走绿色产业承接之路，建立严格的承接产业环境影响评价制度，着力引进带动力强、辐射性高、产业关联性强和节能环保型产业。九是长江中上游地区在引进产业时，要按照"建链、补链、强链"的要求和园区循环式发展的需要，有选择地承接产业转移。十是长江中上游作为产业承接地，要增强承接能力建设，特别是增强绿色基础设施建设，增强节能环保和低碳技术的研发以及服务，促进承接产业形成生态化共生发展格局。

5.3.4 以产业协同和分类发展思路优化长江经济带产业布局

5.3.4.1 推动长江经济带各省市产业协同发展

为改变目前长江经济带产业趋同和产业承接转移恶性竞争的情况，长江经济带未来的产业发展，要在分析现有产业现状的基础上，以长江经济带为整体考虑范畴，以产业链为纽带，强化长江上中下游之间的产业互动和有序分工，构成9省2市之间的产业协同发展。

首先，准确分析长江经济带上中下游各省市的产业比较优势以及未来可利用的资源条件；其次，根据国家主体功能区定位，结合生产力重大布局规划，划片区确定各片产业布局方向；再次，按照政府引导，主要发挥市场机制的原则，通过产业自我培育、产业承接转移和传统产业升级的方式，依靠各省市已经发展得较为成熟的产业园区确定产业布局结构。在产业承接转移中，科学地运用产业政策、土地政策、环境容量和资源配置等手段，吸引和有选择地对产业承接进行政策引导和宏观调控；在产业布局中，要坚持资源开发利用和环境保护相结合，优势互补和互利共赢相结合的原则布局产业。目前长江中上游产业承接的产业园区主要有江西赣南、湖北荆州、湖南湘南、重庆沿江、四川广安等国家级承接产业转移示范区和安徽皖江城市带。长江中上游主要承接长江下游江苏、浙江和上海的转移产业，在承接过程中，要注意搭建促进区域间产业转移的服务平台，推动各省市的产业园区进行跨省市的合作和共建，比如上海推行的产业异地园区，就是一个很好的范例，可以引导长江经济带不同地区之间产业的合作和有序的承接转移。

5.3.4.2　区分沿江省市产业发展重点，分类推进长江经济带产业升级

长江经济带 11 省市产业发展基础存在着不同，因此在产业升级中不能搞"一刀切"，而要实施差异化产业政策，以构建完整的产业链条为基础，加强长江经济带上中下游产业之间的互动，推动产业素质整体提升。沿江 11 省市的产业发展重点如表 5.1 所示：

表 5.1　　　　　　　　长江经济带区域产业发展重点

重点区域	实施内容
长江上游地区	以成都、重庆、昆明、贵阳为中心，加强重点领域的应用示范，率先开展新兴技术及产品推广应用，支持发展专业服务、增值服务等新业态，支持产业重点产品、技术和服务开拓国际国内市场，提升开发开放的质量和水平。坚持要素成本优势与市场优势双轮驱动，高起点、有针对性地承接下游产业转移，重点推动与中下游省市园区合作，形成长江上游地区与中下游地区互动型发展模式
长江中游地区	推动武汉都市圈、长株潭都市圈、襄阳城市群和皖江城市带建设，提升钢铁、有色金属、建材等原材料工业发展水平，壮大汽车、装备制造及高技术产业实力，提升轻工、纺织服装业的国际竞争能力。优化服务业发展结构，大幅提升服务业比重。强化综合交通运输枢纽地位，完善物流体系建设，鼓励中游地区产业积极承接下游地区产业转移，支持湖北荆州、湖南湘南、江西赣南、皖江城市带等国家级承接产业转移示范区建设

表5.1(续)

重点区域	实施内容
长江下游地区	巩固和发展具有全球影响力的先进制造业和现代服务业中心，提升制造业的层次和水平，加快发展服务外包、金融、物流、信息、研发等面向实体经济和信息消费的服务业，提高服务业的核心竞争力。围绕产业高端化、服务化、知识化、低碳化发展的要求，加强与中上游地区合作，鼓励高能耗、高污染行业向外转移。发展成为创新型经济，在更高层次上参与国际分工合作的先导区，发挥区域创新带动作用

5.3.4.3 利用产业集群的聚合性和整合性，推动产业转型升级

长江经济带产业升级，有赖于载体的高端化，主要就是产业集群。产业集群具有聚合性，会吸聚上下游产业在集群内聚集，同行业资源要素的聚集，特别的信息的交流集中，又会引发资源的重新整合，从而引致创新的发生，推动产业升级。为此，要在长江经济带内打造世界级的产业集群。根据现在各省市产业发展态势，目前可以选择电子信息、新能源、汽车制造、新型平板显示、先进轨道交通装备、电子商务等产业，布局一批国家高新技术产业化基地、创新型产业集群、国家新型工业化产业示范基地、战略性新兴产业集聚区，打造世界级产业集群。当然，产业集群的打造，必须以带域内的国家级和省级开发区为载体，以大型优势企业为骨干，充分发挥中心城市的辐射带动作用和产业优势作用。发挥沿江产业带重点省市的优势条件和基础，瞄准发展潜力较强、市场前景广阔的产业领域，在生物医药、研发设计服务、检验检测服务、软件和信息技术服务、新材料产业、现代物流、现代金融服务、节能环保、新能源装备、航空航天等领域，培育一批具有国际竞争力的本土跨国企业和专精特新的中小企业，形成骨干企业领军、中小企业配套协同发展的良好产业生态体系，培育十大新兴产业集群。

对于长三角地区，区位优势、工业基础、基础设施、文化习俗等构成了地区产业集聚的比较优势，这种集聚引起人口的集聚效应并加剧了市场竞争，从而使得产业再次集中，并且通过产业集聚的前后关联，放大了产业集聚的循环累积效应。长江中游地区则依托长江中游城市群的产业基础，发挥市场决定性作用，找准政府着力点，推进产业一体化发展。一是建成国家粮食安全重要保障。支持粮食主产区基础设施建设，推进中低产田改造和粮食增产工程，实施基本农田保护补偿制度，加快实施农业现代化工程，建设国家粮食储备和交

易中心，把长江中游建设成为全国粮食生产交易核心区。二是打造世界先进制造业带。大力发展高附加值、高技术含量、高效益的现代制造业和战略性新兴产业，同时通过产业链重组和资源整合，推动制造业与现代服务业融合发展，促进优势产业向集群化、生态化方向发展，构建面向长江中游城市群一体化的主导优势产业链。三是打造长江中游城市群畅通旅游区。充分挖掘历史文化内涵，整合推出特色旅游线路，完善区域旅游公共服务、推动区内各城市旅游产业转型升级，共同建设有影响力的区域旅游品牌形象。四是承接东部产业转移的带动区。借助国家级产业转移示范区的政策优势，充分发挥资源人口和区位优势，充分利用产业发展基础，大力承接先进制造业、现代服务业等知识技术密集型产业，以及轻工、装备制造、纺织、服装、电子、食品、医药、机械等劳动密集型产业，积极探索东中部产业合作发展新模式。

在国家西部大开发的战略指导下，川渝地区之间的合作范围正在不断地朝着更多层面迈进。同时，贵州、云南或占据资源高地，或具备特殊的地理区位，长江经济带向腹地扩围，为两地崛起也提供了良机①。

表 5.2　　　　　　　　长江经济带产业集群发展重点

	重点产业	实施内容
打造五大重点领域产业集群	新型显示产业集群	以合肥、武汉、上海、重庆、成都为核心，依托显示面板生产线，打造新型平板显示产业集群
	集成电路产业集群	以上海、湖北、江苏、重庆为核心，依托 8 英寸/12 英寸集成电路芯片生产线，打造集成电路产业集群
	先进轨道交通装备产业集群	以株洲、重庆、南京、成都为核心，提升城际轨道车辆制造能力以及轻轨、地铁组装能力和维修能力，打造先进轨道交通装备产业集群
	汽车制造产业集群	以上海、武汉、重庆、安徽、成都、浙江、南昌为核心，完善整车制造及配套产业链，大力发展新能源汽车产业，打造汽车制造产业集群
	电子商务产业集群	以沿江电子商务示范城市为核心，利用移动互联网新模式、新业态，打造电子商务产业

①　熊伟. 长江经济带产业转移问题研究 [D]. 武汉：中国地质大学，2015.

表5.2(续)

	重点产业	实施内容
培育十大新兴产业集群	生物医药产业集群	以上海、昆明、重庆、武汉、泰州、长沙、合肥、南昌、成都、南京为核心，培育发展生物制药、医疗器械，以贵州、云南、四川、湖北为核心，发展现代生物医药产业，加快发展生物医药产业集群
	研发设计服务产业集群	以上海、南京、重庆、武汉、长沙、杭州、成都等为核心，加快发展研发设计服务产业集群
	检验检测服务产业集群	以上海、嘉兴、重庆、贵州、长沙为核心，面向设计开发、生产制造、售后服务的全过程服务，加快发展检验检测服务产业集群
	软件和信息技术服务产业集群	以上海、南京、成都、武汉、长沙、杭州、重庆、贵阳为核心，瞄准基础软件、云计算、大数据等新一代信息技术，促进服务外包产业发展，加快发展软件和信息技术服务产业集群
	新材料产业集群	以上海、浙江、江苏、江西、四川、云南、湖北、湖南、重庆等为核心，加强新材料技术创新、产业化和规模应用，提升新材料产业规模和竞争力，加快发展新材料产业集群
	物流产业集群	以上海、重庆、成都、武汉、宁波为核心，促进海铁联运、铁水联运、公水联运、江海联运等多种运输方式的无缝衔接和高效中转，推进物流基础设施建设，优化物流园区网络体系布局，加快发展现代物流产业集群

表5.2(续)

	重点产业	实施内容
培育十大新兴产业集群	金融服务产业集群	以上海、重庆、武汉、长沙、杭州、成都为核心，创新金融营运管理机制、提高金融资产交易效率，形成金融人才和研究集聚地，加快发展现代金融服务产业集群
	节能环保产业集群	以成都、长沙、杭州、重庆为核心，提升节能环保设备、水处理、大气污染防治和固体废弃物利用能力，以江苏、上海、重庆为核心发展先进节能环保技术研发及环保服务业，加快发展节能环保产业集群
	太阳能光伏装备集群	依托四川、上海、江苏、浙江发展核电装备集群，依托四川、上海、江苏、湖南、重庆发展风电装备集群，依托重庆发展页岩气装备集群，依托上海、江苏、江西、安徽发展太阳能光伏装备集群
	航空航天产业集群	以上海、成都、长株潭、安徽、芜湖、重庆为核心，发展国家民用航空航天，以武汉、南昌为核心，发展飞机设计与制造、动力系统和机载系统制造、航空服务，加快发展航空航天产业集群

5.3.5 依托沿江的产业园区平台，推动产业转型升级

经过多年发展，沿江11省市已经形成了若干不同级别不同类别的产业园区。级别有国家级产业园区、省级产业园区、市级产业园区；类别有高新技术产业园区、经济技术开发区、产业承接转移示范区等。这些产业园区具有政策倾斜优势、产业聚集优势、规模效益优势等，能够为区域产业转型升级提供良好的平台作用，就如一句老话所说的"巢好凤自来"。

产业园区平台是区域产业和企业的聚合体，它能够有效地连接产业发展中的各个行为主体，实现产业转型升级体系内部各个行为主体之间的交互作用，特别是各个市场主体间的协同创新作用，促使各种创新资源在产业园区内整合聚集，使新技术、新工艺在园区内扩散应用，并通过示范带动效应、关联效应，推动产业转型升级。在这个过程中，就比如生物群落内的种群之间通过群落实现协同进化并有效维护生态系统的动态平衡和进步发展一样，产业园区平台也通过园区所发挥的协同关联体系，为园区内各产业主体进行创新、整合提

供条件，维护园区内产业的动态平衡，进而提高园区内产业的优化升级能力。比如，高新技术产业园区可以为区域内大学、科研机构等研发的技术成果提供市场化、转化的场所和空间，而新技术的使用，又能够使园区产业朝高级化、高端化方向发展。

2016年8月18日，湖南—长三角园区合作共建对接会在上海举行，湖南四个产业园区与江苏、上海、浙江的四个园区签署了合作协议，以推动园区合作共建的形式，促进长江经济带园区转型升级。

5.3.6 利用"互联网+"产业模式，推动产业转型升级

信息经济时代，"互联网+"方兴未艾。利用"互联网"，实际上是为产业插上了飞翔的翅膀，为产业打开了更广阔的天空，实质上也是一种创新。从技术进步的角度，"互联网+"作为电子计算机和互联网技术整合多年的总和，提供给人们一种与高速公路网类似的网资源，谁如果能够动员这种"互联网+"的网资源，找到其他人不能理解的盈利模式、成长模式和竞争模式时，就能获得非常大的租金收益。互联网及其相关技术的内涵已经拓展到移动互联网、物联网、云计算、大数据、人工智能、虚拟现实等核心信息通信技术的集合，上述技术和产业发展相结合，不仅将催生产业互联网、工业互联网等一系列的市场机会，而且还将提振"互联网+"在推动全要素生产力的核心地位。

互联网及其相关技术的广泛应用，不仅为我们加快转变经济发展方式和产业转型升级提供了强劲动力，而且也为我们进一步增长和跨越发展提供了难得的重大机遇。从传统产业的转型升级角度看，我国要实现由制造业大国向制造业强国的转变，必须要充分利用互联网工具，实现"价值流"，即某个具体产品或服务从原材料到最终递交客户的所有环节和过程的快速流动[①]。

5.3.7 长江经济带通过发展新兴产业推动产业转型升级的路径

新兴产业，尤其是战略性新兴产业的发展，自然地推动区域产业转型升级。战略性新兴产业具有高附加值和低排放的双重特征，也能带动传统产业提高发展质量。现阶段的新兴产业，主要集中在新一代信息技术、新能源、新材料、生物医药、高端装备制造、节能环保、新能源汽车等产业领域，这些产业若能在长江经济带得到大力和广泛发展，则长江经济带产业就实现了高端化和

---

① 张于喆. 互联网创新发展促进产业转型升级［N］. 上海证券报，2016-05-17.

高级化。

目前，长江经济带沿线各省市都已经确立了战略性新兴产业的发展重点，并将战略性新兴产业作为产业转型升级的新引擎，加速推进产业转型升级，且已经取得了较好的成效。长江经济带沿线各省市的产业结构都得到了一定程度的优化和升级。战略性新兴产业发展，也成为推动长江经济带未来产业转型升级的主要路径。

上海市目前正在加快发展电子信息、石油化工、精细制造、生物医药、精品钢材等战略性新兴产业，并不断提升现代服务业的能级，推动产业结构优化升级。

江苏省战略性新兴产业产值在2016年占工业比重接近30%；浙江战略性新兴产业产值突破万亿元大关。

江西省于2009年在全国率先颁布实施了省级十大战略性新兴产业发展规划，吹响向战略性新兴产业奋进的号角，战略性新兴产业也成为推动江西产业转型升级的新引擎。2016年1—5月，江西省电子信息产业主营业务收入增长24%，装备、锂电、医药、绿色食品主营业收入分别增长8%～10%[1]。

安徽省于2016年10月出台《安徽省战略性新兴产业"十三五"发展规划》，提出未来五年重点发展新一代信息技术、高端装备和新材料、生物和大健康、绿色低碳和信息经济五大战略重点产业，点燃产业转型升级新引擎。2015年，安徽省战略性新兴产业产值达到8 921.5亿元、增长17.6%，成为推动安徽转型发展的强劲引擎[2]。

武汉确立了信息技术、生命健康、智能制造三大战略性新兴产业，并提出到2020年，三大战略性新兴产业实现产值倍增，分别突破6 000亿、3 000亿和4 000亿元[3]。

四川信息技术、新能源、高端装备制造等七大战略性新兴产业增速达到22.9%。

重庆市人民政府于2016年9月印发了《重庆市建设国家重要现代化制造业基地"十三五"规划》，指出以创新促升级，加快打造特色鲜明的现代产业

---

[1] 郑荣林. 江西48个战略性新兴产业杭州签约，总投资274.1亿 [N]. 江西日报，2016-07-10.

[2] 安徽省战略性新兴产业"十三五"发展规划出台，快递业获发展新机遇 [EB/OL]. http://news. xinhuanet. com.

[3] 李晓萌. 武汉市三大战略性新兴产业到2020年将实现倍增 [N]. 长江日报，2016-12-02.

集群，积极培育战略性新兴产业集群，制造业转型升级成为新起点。数据显示，2013—2015年，包括电子核心基础部件、物联网、智能装备、新材料、高端交通装备、新能源汽车及智能汽车、化工新材料、生物医药、能源及环保装备、智能终端产业在内的十大战略性新兴产业集群产值连续翻番，从200亿元跃升至1 664亿元，对重庆工业产值增长贡献率达30%以上①。

云南省在"十三五"期间，确定了生物医药大健康、生物种业、新能源与新能源汽车、高端装备制造、新材料、节能环保、互联网、大数据、云计算、机器人等战略性新兴产业②。

贵州省也将新一代信息产业、以大健康为重点的生物产业、高端装备制造业、新材料产业、节能环保产业、新能源和新能源汽车产业等确定为战略性新兴产业，并力图走出一条跨越发展之路③。

表5.3　　　　长江经济带各省市确定的战略性新兴产业

上海	新一代信息技术、智能制造装备、生物医药与高端医疗器械、高端能源装备、节能环保	湖北	新一代信息技术产业、高端装备制造、新材料、生物产业、节能环保产业、新能源产业、新能源汽车产业
江苏	新能源、新材料、生物技术和新医药、节能环保、新一代信息技术和软件、物联网和云计算、高端装备制造、新能源汽车、智能电网和海洋工程装备	四川	新一代信息技术、新能源、高端装备制造、新材料产业、生物产业、节能环保产业
浙江	生物产业、新能源产业、高端装备制造业、节能环保产业、海洋新兴产业、新能源汽车、物联网产业、新材料产业、核电关联产业	重庆	电子核心基础部件、物联网、智能装备、新材料、高端交通装备、新能源汽车及智能汽车、化工新材料、生物医药、能源及环保装备、智能终端
安徽	新一代信息技术、高端装备和新材料、生物和大健康、绿色低碳、信息经济	云南	生物医药大健康、生物种业、新能源与新能源汽车、高端装备制造、新材料、节能环保、互联网、大数据、云计算、机器人

① 陈颖. 金融创新助推重庆战略性新兴产业发展 [EB/OL]. http：//news. china. com. cn.
② 云南省启动"十三五"科技创新规划，培育战略性新兴产业 [N]. 云南日报，2016-03-03.
③ 贵州应走出新兴产业跨越发展之路 [EB/OL]. http：//finance. ifeng. com.

表5.3(续)

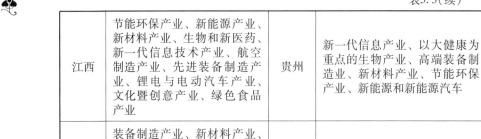

江西	节能环保产业、新能源产业、新材料产业、生物和新医药、新一代信息技术产业、航空制造产业、先进装备制造产业、锂电与电动汽车产业、文化暨创意产业、绿色食品产业	贵州	新一代信息产业、以大健康为重点的生物产业、高端装备制造业、新材料产业、节能环保产业、新能源和新能源汽车
湖南	装备制造产业、新材料产业、文化创意产业、生物产业、新能源产业、信息产业、节能环保产业		

5.3.8 长江经济带通过改造提升传统产业，推动产业转型升级的路径

长江经济带经过多年的发展，已经形成了规模庞大的传统产业，如铁、有色金属、石化、化工、纺织、食品饮料等。这些传统产业呈现出"规模化、盈利能力低"的明显特征。传统产业必须通过改造或者转型升级，实现提质增效，才能找到更大的市场空间，才能焕发生机和活力。传统产业转型升级有如下路径：一是在引导传统产业跟新能源、新材料、装备制造等战略性新兴产业和新型现代服务业融合发展，创造新型产业业态。二是对传统产业的生产技术、生产工艺、生产流程、服务模式等运用新兴技术进行改造，提升传统产业的技术含量。三是在纺织、食品、钢铁、石化、造纸、有色金属等行业建立循环产业链条，鼓励产业之间、企业之间在循环园区内部构建循环经济体，加快资源、能源的梯级循环利用及废弃污染物再利用。五是延伸传统产业的产业链和价值链，依靠绿色装备技术改造传统产业的整个产业环节，提高产业的绿色生态价值[1]。六是利用现在的"互联网+"模式，在重点领域推进智能制造、大规模个性化定制、网络化协同制造和服务型制造，提升资源使用效率。在钢铁领域，推动沿江钢铁企业加快兼并重组步伐，推动钢铁制造向高端方向发展，以数控技术为依托，提升钢铁制造柔性生产装备研发制造能力，重点实现产业优化、关键技术突破、智能化能力提升。在有色金属领域，适度控制资源开发强度，积极利用低温低压电解、强化熔炼、生物冶金等先进适用技术，提高资源利用水平，以轻质、高强、大规格、耐高温、耐腐蚀、低成本为方向，

---

① 任胜钢，袁宝龙. 长江经济带产业绿色发展的动力找寻 [J]. 改革，2016 (07)：55-64.

积极发展精深加工产品，重点实现优化产能布局、发展循环经济、延伸产业链。在石化领域，加快推进炼化一体化项目，扩大炼油和乙烯生产能力，延伸发展合成树脂、合成橡胶、聚酯、聚氨酯、特种纤维、聚碳酸酯等产业链，完善石化生产力布局，重点提升大型炼化能力、做精做优化学工业、页岩气产业化。在纺织领域，加强纺织行业整合能力，加快纤维新材料开发应用，培育高端产业用纺织品，推行节能降耗技术，全面推进清洁印染生产，提高服装材料技术含量，重点加强品牌建设、结构优化、绿色生产。

表 5.4　　　　　　长江经济带改造提升传统产业发展重点

重点领域		实施内容
钢铁产业	产业升级	依托上海、湖北、四川、重庆等地的大型龙头钢铁企业，加大兼并重组力度，淘汰沿江各省产能过剩、高污染高耗能的小型、低端钢铁制造企业
	高端装备研发	依托重庆、湖南、上海、江苏、安徽等地的冶炼装备产业基础，加快提升基础制造能力，推动复杂装备、复杂工业等关键技术的突破，提升钢铁产业高端装备研发制造能力
	信息化提升	依托上海、湖北、重庆、四川、湖南大型钢铁升级生产企业，部署物联网、工业互联网、云计算等新一代信息技术应用，加快企业能源管理中心建设，实现能耗实时监控、过程智能监控
有色金属产业	深加工基地建设	依托江西、湖南、云南、四川、贵州建设稀有金属深加工基地，依托安徽、江西、湖北建设铜深加工基地
	循环经济示范	在下游地区利用进口铜、镍等矿产原料，适度建设冶炼产能，规模化发展再生利用产业
石化产业	石油炼化	推动上海、浙江、江西、湖南、安徽、湖北、重庆、云南等地现有石化企业挖潜改造，加快炼化一体化发展，建设千万吨级智慧炼厂，扩大炼油和乙烯生产能力，延伸发展合成树脂、合成橡胶、聚酯、聚氨酯、特种纤维、聚碳酸酯等高端产品
	化工	依托江西、安徽、重庆、湖北等地资源优势，重点提升精细化工产品、化工新材料、基础化工材料、农用化学产品
	页岩气	依托四川、云南、贵州、重庆、湖南、安徽、湖北等页岩气蕴藏丰富的地区，推动信息技术在页岩气勘探开发中的应用

表5.4(续)

重点领域		实施内容
纺织产业	高端品牌培育	依托浙江、江苏、上海等地,大力推进纺织智能制造,打造设计、研发与贸易、展销有机结合的特色服装设计制造中心,提升高端服装设计创新能力
	绿色生产	依托江西、湖南、四川等地,加强产业整合,全面推进清洁印染生产,推行节能降耗技术

6 长江经济带产业转型升级：实践做法分析与比较

理论和实证的结合才能使研究更具有说服力。本章在前文理论分析的基础上，一方面将长江经济带内下游的江苏、中游的武汉和上游的重庆、四川产业发展进行实证比较分析；另一方面将选择四川传统产业的转型升级为实证进行具体研究。在研究基础上，从政府角度，给出相应的政策建议和对策框架。

6.1 长江下游地区产业转型升级的实践做法分析

6.1.1 上海市产业转型升级的实践

上海处于长江下游的沿海地带，历来是我国经济的先发地区，是改革创新的前沿地带，经济发展水平居于全国前列。但目前，上海经济同全国的其他地区一样，同样面临着由于资源约束和环境约束带来的产业转型升级的任务，需要通过产业转型升级突破发展的瓶颈和短板。基于此，上海做出了以下努力：一是调整产业结构，提升供给的层次和有效性，促进消费结构升级。二是大力发展战略性新兴产业，优化提升现代服务业能级，大力培育"四新经济"，鼓励企业创建和提升自主品牌，不断提高品牌质量、产品附加值和生产效率①。在这样的措施之下，上海经济结构中居于第一位的已由制造业转化为现代服务业，2015年服务业占比上升为67.8%，形成了以服务经济为主的高端产业结构。三是在服务业的高端化上着力。上海市并不满足于服务业占比居于第一位，而是在服务业的高端化上继续着力。一方面，推动生产性服务业向专业化和价值链高端延伸；另一方面推动生活性服务业向精细化和高品质转变。从服

---

① 上海加快推动产业结构转型升级［EB/OL］. http：//news. hexun. com. 2016-8-21.

务业的两大细分类别看，生产性服务业主要是为生产活动提供的研发设计及其他技术服务，对提升制造业科技创新能力、推动制造业服务化转型意义重大。而与百姓生活密切相关的生活性服务业，包括家庭、健康、养老、文化、教育、旅游、体育等服务类别，直接关系到百姓的幸福感、获得感。服务业的提质增效是上海经济提升核心竞争力的重要抓手，形成"上海服务"这一综合品牌，不仅将进一步发挥服务业在上海经济转型升级中的主导作用，还可以巩固上海在全国服务业发展中的优势地位，并增强上海服务业的国际竞争力。四是上海将推动企业技术改造作为产业转型升级的重要手段。在上海看来，产业转型升级，企业应该是主体，在市场导向下，企业通过创新实现技术升级和改造，自然推动产业升级。

6.1.2 江苏省产业转型升级的实践

江苏省经济发展水平也位于全国前列。当前，国家实施长江经济带和"一带一路"发展倡议，江苏省作为前沿阵地和新亚欧大陆桥重要的出海门户，必须在两大发展战略中充分发挥示范作用、门户作用和先导作用。习总书记在江苏考察时，发表重要讲话，对江苏寄予了厚望。他指出："江苏处于丝绸之路经济带和21世纪海上丝绸之路的交汇点上，要按照统一规划和部署，主动参与'一带一路'建设，放大向东开放优势，做好向西开放文章，拓展对内对外开放新空间。"① 对于当前江苏的产业发展来说，主要做好两件事：一是统筹整合资源，打造更为高端的产业链条，打造高端产业发展基地；二是加快沿海新兴产业的集聚，提升沿海对内对外产业协同发展能力，打造"一带一路"发展建设先行产业基地。在这样的目标下，江苏认真贯彻落实"沿海开发六大行动方案""做大做强沿海主导产业、新兴产业和海洋产业，着力提升优势传统产业""着力在优化产业结构、突破核心技术、提升产业层次、彰显海洋特色、加强政策引导、完善推进机制"②。江苏认为，"推进江苏沿海产业发展的关键是政策"③，因此，根据江苏产业发展的实际和未来转型升级

---

① 郑焱，等."十三五"期间江苏建设"一带一路"交汇点的战略思路和关键举措 [J]. 江苏师范大学学报（哲学社会科学版），2016（1）.

② 江苏将培育27个临海城镇　解读沿海开发"六大行动"[EB/OL]. http://www. js. xinhuanet. com.

③ 王英、李嘉谊. 江苏沿海产业发展对策研究 [J]. 安徽工业大学学报（社会科学版），2014（05）：3-5.

的要求，江苏加大了推进转型升级的政策和法治保障的力度，构建了"港口、港城、产业"三位一体的良性互动模式，利用政策推进沿海地区的资源优势向产业优势转变、区位优势向竞争优势转变，加速江苏省临港产业和腹地产业的提档升级。

6.1.2.1　江苏省促进产业转型升级的做法

江苏省在促进产业转型升级方面，主要采取了以下四个方面的举措：一是利用发展战略性新兴产业，推动产业转型升级。在江苏省看来，战略性新兴产业是实现产业转型升级的突破口。早在 2009 年，国务院就发布了《江苏沿海地区发展规划》，指明了江苏沿海产业的政策方向。依据国家的规划和政策意见，为了促进沿海产业的发展，江苏省提出产业转型升级的突破口是发展战略性新兴产业。以此为思路，江苏省出台了以鼓励和支持战略性新兴产业发展为重点的 18 项税收优惠政策。二是实施创新驱动战略，推动产业转型升级。江苏省最早在全国提出创建创新型省份，通过科技支撑的提升、优秀人才的引进、创新载体的建设，以及科技和金融相结合的新模式，推动跨国公司的研发部门本土化等方式来推进江苏省产业转型升级，推进全球创新要素聚集江苏，推动科技进步和创新。通过努力，江苏已经与 70 多个国家和地区建立了长期稳定的科技合作关系，近 5 年组织国际科技合作项目 3 000 多个，与 26 个发达国家的 148 个专家组织建立引智合作关系，建立国家级国际合作基地 18 个，引进外资研发机构 411 家，支持 26 个本土企业建立海外研发机构，区域创新能力连续两年保持全国首位，主要创新指标与韩国、芬兰 20 世纪 90 年代中后期水平相当。另外，江苏省还建设有包括 7 个国家级高新技术产业园区在内的 16 个国家级和省级高新技术产业园区。在这些国家级和省级产业园区内，聚集了上千家高新技术企业，也取得了科技成果大量转化的优良成绩，全省高新技术产业产值和新兴产业产值的过半由高新技术产业园区创造。

江苏省认为产业转型升级，人才是强大的支撑。为此出台了若干吸引人才的文件，如"江苏省高层次创新创业人才引进计划""科技创新创业双千人才工程""科技企业家计划""企业青年博士计划"。目前，江苏省高层次人才超过 60 万名。

此外，江苏共建有 16 个国家级和省级高新技术产业园区，其中国家级高新区 7 个。2010 年高新园区内的高新技术企业超过 1 300 家，占全省总数的43%，省科技成果转化资金项目中有 1/4 在高新园区。高新园区创造了全省

34%的高新技术产业产值和60%的新兴产业产值。

另外，江苏高度重视研发投入，每年的 R&D 经费支出和企业研发投入均居全国第一。2015 年，江苏 R&D 经费支出超过千亿元，占了 GDP 的 12.7%，仍居全国第一。江苏省也首先在全国开展可贷可投的科技小额贷款公司试点工作，目前取得了蓬勃发展。

通过实施"互联网+"战略，推动产业结构优化，实现产业转型升级。实施"互联网+"战略，以推动产业结构升级，构建内生驱动经济体，是江苏省应对经济进入新常态的又一创新举措。"互联网+"战略下，江苏省采取了三大举措：

（1）通过互联网和传统优势产业的渗透融合，改造提升传统优势产业，作为产业转型升级的抓手。一是打造线上产业带，推动产业集群转型。多年以来，江苏村镇产业和专业化市场发展具有相当的基础，互联网的出现，引领了新的发展模式，江苏省推行实体经济和虚拟经济的结合，积极打造具有本地特色的电子商务平台和跨境贸易电子商务平台，量身定制具有个性化的各类站点，凸显当地产业优势和特色，利用电商渠道，拓展商品市场，加速传统产业集群的转型和升级。二是积极推动制造模式变革，以互联网为手段，打造按需定制模式。江苏省看到了 C2B 消费者驱动的商业模式所具有的快速响应市场、高度个性化和柔性化的特点，积极支持制造企业转型，通过互联网对接电子商务平台，以适应互联网时代消费者需求主导的定制模式趋势，推动制造模式变革，重新构造制造业生态圈。三是借助跨境电子商务，重构外贸发展平台。江苏省外向型经济明显，外贸平台打造尤为重要。江苏省利用互联网、支付手段变革和现代物流载体，通过网络方式进行交易和服务，获取国际市场份额，发展跨境贸易活动，重塑贸易规则，转变外贸发展方式。四是利用互联网，重构农产品流动模式，提升农产品交易市场。积极建设以电子商务为主的新型农产品流动模式，积极打造农产品品牌，培育一批农产品电子商务运营商，完善农产品服务体系，强化农产品分销、质检、包装、冷链、物流等的服务。

（2）为抢占全球产业链制高点，积极培育由网络科技衍生的高端智慧型产业。一是发展 3D 打印产业。江苏省将高校的研发能力和现有的金属、化工等产业能力结合起来，建立 3D 打印产业联盟和企业孵化器，整合研发和生产，及时将研发成果市场化，尤其是加强 3D 打印在模具制造、工业设计和医疗领域的研发，并强化科技成果的转化和应用，以构建完整的 3D 产业链条。

二是快速发展物联网产业。江苏省具有物联网发展的产业政策优势和市场应用优势，于是确定了物联网重点发展领域，即各种应用领域的传感器关键技术及产品，结合芯片和软件等关键技术形成各种应用体系。并利用江苏省实施"机联网""厂联网"工程和省、市"智慧城市"试点的机会，推动物联网在商业、家居、电力、安防、交通、水务、环保、物流等领域的示范应用，通过应用来带动物联网产业快速发展，积极突破物联网自主知识产权。三是加快发展云服务和大数据产业。云服务和大数据产业发展，关键是核心技术。江苏省力争在云服务和大数据的关键核心技术上突破，并积极产业化和应用化。一方面推动实施一批行业应用、公共事务、社会管理方面的示范项目，另一方面利用政策，鼓励企业、居民和政府购买云服务，以培育孵化一批云工程与服务企业。在应用上，重点支持包括工业云、商务云、教育云、健康云、安居云、政务云、媒体云、公共云等在内的云应用服务，建设具有全国性示范意义的云服务和大数据商业模式。四是打造移动互联网产业集群。推动智能通信设备和消费电子终端产品的研发生产，发展移动视频、移动支付、移动定位等增值服务，鼓励基于微信等新媒介的移动商务模式创新，形成包括设备制造、网络运营、软件和信息服务的移动互联网产业链。

（3）通过培育跨界融合催生的新业态产业集群，推动产业转型升级。一是利用4C（计算机、通信、消费电子、内容）融合和三网融合为手段，发展引领智能新生活的新兴产业。江苏的家电、服务等产业具有传统优势，在这个基础上，利用互联网新技术下的个性化定制系统，一方面打造品牌，另一方面融入各种时尚创意元素，提升服务、家电产业的创意性。研发智能安防、康体电子、智能家电等在内的家用智能电子产品，构建数字家庭产业链。发展智慧医疗产业，推动互联网在远程医疗、实时监护和健康检测方面的运用，研发可穿戴的医疗设备，这种医疗设备带有互联网功能。二是培育由跨界平台催生的平台经济业态，如移动支付平台、大宗商品交易平台、农产品交易平台、跨境电子商务平台等，并力争将这些平台建设成全球性的高端平台。积极发挥江苏个性消费群体庞大、企业众多、外资多的优势，培育平台型企业，鼓励各类企业利用各类平台整合、完善产业链条，推动产品制造链与流通链、生活服务链的衔接，打造"平台+内容+终端+应用"的产业生态圈。

（4）推动跨国公司研发部门在江苏的本土化，以带动和溢出效应来推动产业转型升级。

江苏省历来开放型和外向型经济所占的比重就很大，外资企业和跨国公司众多。但很长一段时间以来，我们形成的是"两头在外"的外向型经济，研发的溢出和带动性不大。于是江苏省积极鼓励跨国公司将研发部分设立在江苏，通过举办内外资企业家沙龙活动、外资企业配套协作洽谈会等活动，加快内外资之间的技术联合开发、产业配套、技术贸易，促进内资在消化吸收再创新上的步伐，加快"技术嫁接"步伐，推动内外资企业配套融合发展，并带动本土产业转型升级。

在这些举措之下，江苏省实现了产业的转型升级，目前科技型中小企业突破 10 万家①。

6.1.2.2 江苏产业转型升级的启示

江苏省的产业转型升级，无疑是成功的，其经验和做法值得学习和借鉴。总结起来，江苏在产业转型升级方面，给了其他省份 6 个方面的启示：

一是要以加快核心关键技术突破为抓手。核心关键技术的突破，有利于培育创新型企业。而这个过程，人才的支撑是关键。要将引进和培育领军型创新创业人才作为产业转型升级的突破口，利用人才促进科技、金融的结合。对于创新力来说，无数的中小型企业具有活力，但他们又面临着融资难题，因此科技和金融的结合无疑是解决良方。在此基础上，一方面立足本地特色，另一方面推动区域创新，营造良好的产业生态。

二是要以构建创新体系，打造创新平台为基础，充分发挥科技创新对产业转型升级的驱动和支撑作用。区域创新体系，是包括"官、产、学、研、金、介"等多方力量的综合体系，充分发挥各方面力量，通过创新拧成一股绳，整合资源，建成具有国际一流竞争力的创新创业高地，打造一批创新产业集群。

三是打造创新环境。创新环境的打造，包括人才、政策、资金、法治环境等。在创新环境之下，企业才有动力加大创新投入力度，政府才能有心力建设国家级研究员和重点实验室，创新才有平台。要加快先进技术成果的转化和产业化。依托重点创新型企业，建立一批产学研联合创新示范基地。在创新人才打造上，一方面是引进，另一方面通过各项激励措施，激发人才的创新潜能。

---

① 江苏加快推进产业结构调整，领跑"智能制造"［EB/OL］. http://js. people. com. cn.

经济新常态下长江经济带产业转型升级研究

可采取股权或者分红激励的方式，对获股权形式奖励的激励对象给予递延纳税的优惠政策。另外，要优化对创新创业人才的服务。比如定期发布各项创新创业支持政策，定期开展人力资源开发培训，完善对高端人才的医疗、子女教育和住房等方面的相关配套服务。如配备行政助理，设立人力资源开发培训、权益保护等服务平台，帮助海外创业者了解政策。

四是加大对科技型企业的支持。首先，财政要创新科技投入方式，积极引导民间资本、金融资本、创业资本等向科技型企业的倾斜投入，通过创业投资、融资担保、天使投资、贷款贴息等多种方式带动社会投资投入科技创新领域，扩大创新投资的资金规模。其次，创新具有较大的风险，要加大创业风险投资在科技研发、人才培养、技术引进等方面的投资比例。最后，加大对有一定科技实力和较强发展潜力的初创型中小科技创新企业的金融支持。通过推广知识产权质押贷款业务，建立科技企业与创投机构、券商、保险和各类科技金融中介服务机构参与的经常性对接机制。

五是通过企业之间的合作研发和信息交流，推动创新的产生。产业集群和企业集群是最易产生创新的，但前提是信息的充分沟通和交流。因此，积极建立企业群体内部的知识、信息、技术交流和共享机制就显得尤为必要。这可以通过举办各种沙龙，利用行业和产业协会等方式来实现。

六是加强政府服务。政府一方面要减少对微观经济活动的直接干预，另一方面要提高服务水平和服务效率，诸如定期公开产业信息，为创新创业群体营造良好的生活和创业环境，及时梳理和公布政策，加强调研，使政策发布具有可操作性，加强知识产权保护，建立风险预警机制，建立风投基金，免除中小企业创新创业的后顾之忧，激发创新的产生。

6.1.3 浙江省促进产业转型升级的做法和启示

6.1.3.1 浙江促进产业转型升级的做法

多年来，浙江省传统产业一直是基础和特色，传统产业在浙江工业体系中所占比重基本维持在75%左右，传统产业企业数量占了总体企业数量的82%。但随着近年来日益凸显的资源环境约束、要素成本的上升和外部需求的下降，浙江省传统产业面临着日益严峻的挑战。浙江传统产业以块状经济形式存在，这是浙江的特色，但在金融危机的冲击下，这种特色也成了束缚。传统块状经济多以劳动密集型加工、轻工纺织等产业为主，处于产业链的下端，产业附加

值低、能耗高、污染大，存在的比较明显的层次低、结构散、创新弱、品牌少等低端化锁定倾向亟待转型。

因此，对于浙江来说，推动产业转型升级，势在必行，迫在眉睫。为此，浙江省做出了打造现代产业集群，促进企业转型，构建新动能、打造特色小镇新载体等举措来推动浙江产业转型升级。

一是打造现代产业集群。浙江以原有的产业园区、高新技术开发区、产业聚集区和乡镇功能区为依托，规划建设 42 个产业集群示范区。在产业集群示范区内，采取品牌建设、龙头骨干企业带动、淘汰落后产能、强化技术改造和创新等方式和措施，推动产业转型升级，并初步探索出了价值链整合提升型、龙头企业带动型、产业与市场互动提升型、政府规划引导型等转型升级的路径。

二是利用实施"两化"融合工程，改造提升传统产业。所谓"两化"融合，就是现代化和信息化的融合，打造一批示范基地，在示范基地内，推广应用一批具有行业特色工业软件，积极推动企业线上线下结合，发展电子商务，推动小商品进行品牌建设，提升商品的档次，以高端化需求带动转型。

三是寻找发展新动能，积极拥抱"互联网+"。阿里巴巴在浙江的成功，为浙江省打开了"互联网"通道，浙江省以杭州为代表，在移动互联网和金融科技融合创新上弯道超车，加持了中国在全球互联网创新上的话语权，浙江的中小企业们积极拥抱"互联网+"，浙江各地的传统产业不断更替创新，探索拥抱"互联网+"的多种路径，并催生出全新的互联网金融、智慧物流、智慧健康、智慧旅游、智慧教育、智慧环保等新模式、新业态①。

四是建设特色小镇，构建承载产业转型升级的新载体。近年来，浙江特色小镇建设卓有成效，正在成为浙江加快产业转型升级的新载体，推进发展的新引擎。特色小镇建设，首次出现在浙江省 2015 年两会《政府工作报告》中，现在首批 37 个特色小镇已经建设完成，初具规模。数据显示，37 个特色小镇 2015 年新开工建设项目 431 个，完成固定资产投资 480 亿元。其中，27 个小镇投资超过 10 亿，5 个小镇超过 20 亿。仅仅一年，37 个特色小镇新增税收 21 亿元，29 个小镇与 196 个高校、省级以上科研院所开展技术合作，预计到 2017 年，首批 37 个特色小镇可实现税收 190 亿元。根据规划，未来 3 年，浙

经济新常态下长江经济带产业转型升级研究

---

① 章卉. 寻找传统产业转型升级的新动能"互联网+"的浙江创新领跑［N］. 浙江日报，2016-08-23.

江还将建设 100 个特色小镇①。现在浙江的特色小镇，已经成为解决经济空间和产业转型升级问题的抓手，显示出了强劲的生命力。

6.1.3.2 浙江促进产业转型升级的启示

综观浙江省产业转型升级的实践，主要有三点启示：

一是政府要发挥搭建公共服务平台，营造环境的良好作用。互联网的知名企业之所以愿意落户浙江杭州，就是浙江具有宽松的创业环境和完善的政府公共服务。如果说创新创意是种子，那么政府的服务就是阳光雨露，滋养着创新的种子生根发芽，成长壮大。浙江省也深知这一点儿，近年来着力打造有魅力的自然生态系统、有激情的创业创新生态系统、有活力的产业生态系统和有效率的政府服务生态系统。浙江省各级政府恰当定位，不干预微观主体的市场经济活动，主要致力于制定科学的政策，引导产业发展，提供公共服务上，以提升浙江政务软环境和软实力，为企业营造"宽松、放心、安心、贴心"的经营环境，为企业提供完善的资金、技术、人才等方面的服务，吸引了众多企业家入驻浙江。

二是强力推进品牌建设，提升传统产业的附加值。传统产业通常占据产业链的低端位置，附加值低，经营方式粗放。浙江为了推进传统产业升级，强力实施品牌战略，通过新技术、新产品、新管理方式、新理念等对传统产业的渗透，通过企业自主技术改造，制定高标准产品标准，以提升产品质量，打造知名品牌，提高浙江制造产品的知名度、美誉度，提高产品附加价值。现在浙江传统产业产品已经实现了向绿色制造、高端制造、智能制造的转型，很多区域品牌已经建立，企业生产方式也发生了转变，由单一生产向集生产服务于一体的综合生产方式转变，提高了浙江传统产业，特别是传统制造业的竞争力。

三是利用互联网技术，推动传统产业转型升级。互联网经济下，任何避开而非拥抱的方式都是错误的。浙江深度融入互联网经济，利用互联网技术，发展电子商务，发展"互联网+"产业，实现线上和线下的结合，扩大了市场、降低了成本，推广了营销；推动了传统产业重新焕发活力和生机，产生了新的产业领域，推动了传统板块式专业市场向现代商贸物流的转变，打造了现代产业集群。

---

① 浙江特色小镇承载大战略，成加快产业转型升级新载体 [EB/OL]. http://n.cztv.com.

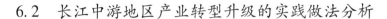

6.2 长江中游地区产业转型升级的实践做法分析

6.2.1 安徽推进产业转型升级的实践

一是以生态环境保护倒逼产业转型升级。长江经济带建设启动以来，安徽抢抓国家重大战略机遇，坚持"生态优先、绿色发展"的理念，以生态环境保护倒逼产业转型升级，走出了一条绿色、低碳、可持续的发展道路。近年来，安徽省一直致力于通过淘汰落后产业，实现产业转型升级。数据显示，安徽省包括冶金、水泥、钢铁等在内的原材料工业，淘汰落后产能总量上超过全省的50%。比如因钢而兴的马鞍山市，曾经钢铁产业占了全市经济总量的90%。但随着发展理念的转变，随着生态环境保护的倒逼，马鞍山开始重点发展节能环保、生物制药、装备制造等产业，这些产业占比直线上升，已经超过了60%。

二是布局战略性新兴产业。安徽的皖江示范区，布局了包括新型显示、机器人、新能源汽车、智能语音等在内的战略性新兴产业，并启动建设14个战略性新兴产业集聚发展基地。安徽芜湖机器人战略性新兴产业集聚发展基地内，60多家机器人及相关企业已在这里落地生根，初步形成了一个完整的机器人产业链。2015年皖江示范区实现的战略新兴产业产值已达到6 200亿元，约占全省的四分之三，成为了安徽经济社会发展最具活力和竞争力的地区①。2016年2月2日印发的《中国制造2025安徽篇》中已明确提出，主攻智能制造、高端制造，布局发展新兴产业。并力争到2020年，安徽省大中型企业普遍通过互联网开展研发、生产、管理、服务等活动，逐步建立面向生产全流程、管理全方位、产品全生命周期的智能制造模式。未来10年，在包括新一代电子信息、智能装备、节能和新能源汽车、智能家电、节能环保、新材料、生物医药和高性能医疗器械、农机装备和工程机械、航空航天装备、轨道交通装备、海洋工程装备和高技术船舶、电力装备在内的12个高端制造领域取得突破性进展②。到2025年，基本建成完整的智能制造创新体系，智能制造技术得到广泛推广和应用。

经济新常态下长江经济带产业转型升级研究

---

① 坚持生态优先推动产业转型升级［EB/OL］. http：//www. sohu. com.
② 安徽省人民政府关于印发《中国制造2025安徽篇》的通知［EB/OL］. http：//www. gov. cn.

6.2.2 江西推动产业转型升级的实践

江西省主要通过四个方面的举措，推动产业转型升级。

一是实施创新驱动，推动产业转型升级。江西省认为，创新是支撑产业转型升级的核心力量，创新的核心在于提升产品品质。比如江西省省会南昌市即致力于发展战略性新兴产业。作为全国 7 个国家半导体照明工程产业化基地之一，南昌已拥有晶能光电、联创光电、欣磊光电等优质企业，形成了硅衬底LED 产业的核心竞争优势。如今南昌市的晶能光电已经探索出一条通过技术吸引资本，通过资本撬动产业的发展模式，并以研发环节为核心和关键，完善产业链条，进行产业链垂直布局，形成了拥有 12 家企业的硅衬底 LED 产业集群雏形，辐射带动效应明显。目前，南昌市 9 个省重点产业集群中，新兴产业集群占 61.5%，高于全省 45.4 个百分点。

二是改造提升传统产业。江西省会南昌既大力培育光电、航空制造、电子信息、生物医药等战略性新兴产业，为产业发展注入新鲜血液，又通过运用大数据、物联网、智能制造等技术，改造提升食品、纺织服装等传统产业。纺织服装曾是南昌的支柱产业，通过推进由代工向品牌、由制造向创造转变，实现了纺织服装产业的升级。

三是通过构建公共服务平台，助推产业转型升级。江西认为，项目落户后要发展，产业集群要做大做强，离不开园区这个发展载体。园区的发展，关键在于基础设施的完善，公共服务的提升。通过这两点建设，南昌工业园区载体作用增大增强。目前，南昌已经建立起从研发到检测、采购、营销等一体化的产业支撑平台。南昌市高新区在新一代信息技术产业领域打造了浙大科技园、软件科技园等4 个特色产业园区，率先打造了中部地区第一个云计算平台——鄱湖云计算平台，成为产业发展的重要公共服务平台；进贤县围绕医疗器械产业发展，深度转型，搭建了出口商检、成品检测、消毒灭菌等专业平台①。

四是利用环保标准倒逼产业转型。江西省目前正在加强对长江沿岸保护工作的落实。首先，对欲引进的企业和项目，采用严格的环保标准考核，坚决不引进环保不达标的企业和项目；其次，已经引进和在生产的老企业，也采用严格的环保标准，倒逼他们采用新技术、新方法、新工艺、新设备，进行转型发展；再次，重点发展包括绿色食品、生物医药、电子信息等在内的新兴产业。最后，通过"河长制度"，倒逼江西省内流域工业转型升级。2015 年年底，江

---

① 5 年辉煌路喜迎党代会：产业升级引领经济 [EB/OL]. http://news.gmw.cn.

西设立省市县乡村五级"河长",由省委书记担任省级"总河长",省长担任省级"副总河长",包括鄱阳湖和长江江西段在内的"五河一湖一江"由7位省领导担任省级"河长";市、县领导担任河流的"河长",共有"市河长"83位、"县河长"709位①。

6.2.3 湖南省推进产业转型升级的实践

一是深刻认识产业转型升级的迫切性。湖南省认为,传统产业粗放增长模式在现阶段难以为继,而新兴产业的发展质量和水平也有待提升,为应对新常态,必须通过改革促进产业转型升级。产业转型,就是转变产业发展方式,变革原来粗放的发展模式,向内涵集约型和质量效益型转变。产业升级,就是通过行业结构、技术结构、组织管理方式、产业布局结构等的转换,提升产业结构,提升产品质量。二是产业转型升级的路径是推行供给侧结构性改革。供给侧结构性改革有助于解决产业结构深层次矛盾,顺应了产业变革发展大势,能够提升区域竞争力②,并通过发展新产业、新业态、新管理模式等理念,推动产业转型升级。

6.2.4 湖北省推进产业转型升级的实践

一是深刻认识和分析产业转型升级背景。湖北省认为,产业转型升级是一项长期性的系统工程,不能一蹴而就。产业要实现转型升级,必须深刻认识转型升级的背景,并通盘谋划,统筹推进。当前产业转型升级,主要是基于以下方面的背景:国家生态文明建设力度不断加强;国家实施创新驱动战略;国家推行供给侧结构性改革战略;长江经济带发展战略;四化同步协调推进向纵深发展,等等。在这样的背景之下,湖北应该在"全省域两型社会建设"的新视野下,在全球经济—全国经济—大区域(中部、长江经济带)经济格局中培育湖北本土的比较优势和竞争优势,遵循产业结构合理化(资源合理配置、产业供需结构适应、产业间协调)和产业结构高级化(产业高技术化、高集约化、高加工化)的产业结构优化路径,不断提升长江经济带产业转型升级的发展水平和质量。

---

① 江西倒逼企业转型升级 从源头保护长江水生态安全 [EB/OL]. http://news.youth.cn.
② 湖南省推进供给侧结构性改革促进产业转型升级规划(2016—2020年) [EB/OL]. http://www.yueyang.gou.cn. 2016-10-10.

二是以现代产业体系构建的思路，来推动产业转型升级。构建现代产业体系，要求发展好制造业升级、培育战略性新兴产业、完善现代服务业和发展现代农业的综合体，本质的追求在于产业结构优化，产业技术高端化，产业产值提高化和产业就业吸纳能力强化。产业转型升级的路径是通过生产要素的聚集，优化产业布局，以各类产业园区为载体，以产业链的完善为纽带，发展一批产业品牌形象突出、服务平台完备、专业特色鲜明的战略性新兴产业集群和现代高端制造业集群。要打造现代服务业的集聚区，发挥规模效益和辐射带动效益。在农产品优势地区，建设一批现代农业示范区。

三是按照提升传统产业，培育新兴产业的模式，推动产业转型升级。湖北传统优势产业是汽车、钢铁、轻纺、石化、建材、船舶等制造业，通过产业结构调整方式，改造提升这些传统优势产业。另一方面，充分利用国家发展战略性新兴产业的各项专项资金和产业投资基金政策，大力发展包括新能源汽车、高端装备制造、新一代信息技术、新材料、节能环保、生物医药等在内的战略性新兴产业。并将武汉、襄阳、宜昌等中心城市打造成国家级战略性新兴产业基地，由此而促进战略性新兴产业成长为长江经济带的支柱产业和先导产业。

四是将发展现代服务业作为产业结构优化升级的抓手和重点。服务业是第三产业的先导性产业，产业结构优化的一个标志就是第三产业所占比重大幅提升，比如上海市2015年服务业所占比重已经达到67.5%，大大高于第一二产业。湖北在发展现代服务业时，强调生产性服务业和生活性服务业并重发展。生产性服务业，主要是适度优先发展高技术服务业、金融服务业、商务服务业、物流业等，并促进这些生产性服务业同制造业融合发展。在推进自我发展的同时，也积极进行现代服务业的转移承接。通过优化投资环境，加大对外开放力度的方式，以荆州承接产业转移示范区为载体，积极承接沿海发达地区以及国外现代服务业和先进制造业，实现引资、引技和引智的有机结合。

五是利用创新驱动，推进产业转型升级。创新驱动战略之下，经济发展将实现内涵式发展。为实现创新驱动，湖北省一方面整合利用武汉等中心城市所拥有的高等院校和科研院所的智力、技术、科技等资源，构建以市场为导向、企业为主体、高等院校和科研院所为支撑、政府政策为辅助的区域协同创新体系，推进协同创新；另一方面，依托区域创新平台，组织实施一批包括生物医药产业、光电子产业、信息技术产业等在内的创新发展工程，建设一批产业创新服务平台，并积极争取国家各类项目基金的支持，推动科研成果市场化、应用化，实现科教优势向经济优势的转化，提高湖北的科技创新能力，促进湖北新兴产业的发展。

在浙江的思路之下，湖北省委、省政府于 2016 年 1 月印发了《湖北产业转型升级发展纲要（2015—2020）》（以下简称《纲要》）。《纲要》提出，要抢抓世界新一轮科技革命机遇，全面对接"一带一路"、长江经济带、"中国制造 2025""互联网+"等国家重大战略。破解"供需错位"矛盾，加大供给侧结构性改革力度，重点实施"三大工程"，推进"十个重大专项行动计划"，努力实现湖北省产业发展"三大转变"，即由传统经济发展思维向"互联网+"融合思维转变、由要素驱动向创新驱动为主转换、由生产为主向生产和服务融合转型。《纲要》坚持以提高质量和效益为中心，谋划工业核心竞争力提升、服务业跨越发展、农业转型发展的三大工程，为湖北省产业转型升级提供动力、空间和支撑。通过制定互联网+、创新能力提升、质量品牌提升、产业集聚发展、产业绿色发展、人才智力支撑、企业家培育成长、现代金融发展、公共服务平台建设、国际化发展十大专项行动计划，保障和促进产业健康转型发展[1]。为推进产业转型升级，湖北省还建立了湖北产业转型升级发展联席会议制度，省发展改革委为联席会议召集单位，并于 2016 年 8 月 3 日组织召开了第一次联席会议[2]。

6.3　长江上游地区产业转型升级的实践做法分析

6.3.1　四川省推进产业转型升级的实践

四川省作为西部欠发达地区，产业转型升级尤为迫切。四川省认为，产业是发展的根基，一个经济强省，必然是产业强省。产业转型升级，是四川实现空间布局优化、动力转换加快、构建产业支撑的唯一路径。通过产业转型升级，才能推动四川经济由量向质提升，才能推动四川综合经济实力和竞争力增强，实现四川经济结构优化、经济总量增大、质量效益提高和创新能力增强的目的。

为了推动产业转型升级，四川在四方面进行了布局。一是注重提升工业产

---

① 廖志慧. 湖北省发布产业转型升级发展纲要［N］. 湖北日报，2016-01-20.
② 省发改委组织召开 2016 年湖北省产业转型升级发展第一次联席会议［EB/OL］. http：//new. hbtv. com. cn. 2016-08-05.

业的整体竞争力。四川是工业大省，目前在朝建设工业强省迈进。四川工业发展，要通过供给侧结构性改革，做好加法，发展新兴产业；要通过补齐短板，扩大要素供给，来实现工业国际质量和效益的提高。为此，四川于 2015 年 10 月 31 日发布《中国制造 2025 四川行动计划》，力争将四川建成西部制造强省和"中国制造"西部高地。2016 年，四川启动实施高端装备创新研制、绿色制造、智能制造、军民融合等一批重大工程，确立了十大产业重点发展领域。并启动实施"互联网+四川制造"和智能制造试点示范工程，利用互联网技术、云计算和大数据，实现产业升级。二是通过培育发展新兴产业推动产业转型升级。四川确立了信息技术、新能源、高端装备制造等七大战略性新兴产业，通过这些领域的关键核心技术突破和发展重点产品策略，思路清晰，发展迅速。2015—2016 年，四川信息安全、节能环保装备、新能源汽车等五大高端成长型产业实现工业总产值超过 1 500 亿元，同比增长 20%；信息技术、新能源、高端装备制造等七大战略性新兴产业增速达到 22.9%①。三是推进传统产业更新改造，做优做强。四川通过推行技术改造方式，对化工、印染、造纸、钢铁、有色金属、建材等传统产业进行改造升级，做优传统产业。2015 年即投入了约 5 000 亿元的技术改造投资，2016 年更是实施新一轮技术改造，推动四川传统制造业企业技术升级、工艺更新、装备换代②。

四川作为后发地，在产业转型升级上没有顾虑，只能奋勇前进，四川对此也认识非常深刻。2017 年四川省十一次党代会描绘了产业转型升级的蓝图，提出坚持以新型工业化为主导，更加注重发挥信息化的聚合、叠加、倍增效应，立足创新，做好落后产能淘汰的"减法"，战略性新兴产业和高端制造业等的"加法"，通过供给侧结构性改革的有力措施，如实施"万千百亿工程"，以加强创新驱动产业创新能力、推动产业集聚集约集群发展等，着力形成具有核心竞争力的现代产业体系，以提高技术含量、延长产业链条、增加附加值、增强竞争力为重点，加快产业层次迈向中高端，推进产业转型升级、发展壮大。在有力的举措之下，四川产业转型升级取得了一定的成绩，2016 年，全省实现全部工业增加值 11 569.8 亿元。其中，七大优势产业主营业务收入占全省工业比重达 82% 左右；七大战略性新兴产业、高技术制造业产值占全省

① 刘裕国. 七大战略性新兴产业产值增长率达 22.9%，四川力攀"智高点"［N］. 四川日报，2016-08-24.

② 董世梅. 四川推动产业转型升级，十大重点领域启动重大工程［N］. 四川日报，2016-01-06.

规上工业比重分别达 17%、28.7%，较 2012 年分别提高 3.9、5.8 个百分点①。

6.3.2　重庆市推进产业转型升级的实践

重庆市在产业转型升级方面，主要是确立了以智能制造作为抓手，不仅以智能制造推动产业转型，还希望依靠智能制造，助推重庆市产业迈入中高端，实现"弯道超车"。所以，重庆市于 2016 年 11 月出台了《智能制造工程实施方案》，全面启动智能制造工程。在智能制造方案下，重庆传统优势产业汽车制造业将发展智能汽车，以作为制造业升级的抓手。重庆设定了到 2020 年，全市智能装备全产业集群实现产值 1 000 亿元的目标。重庆市希望通过智能制造，抢占新一轮产业竞争制高点，加速产业转型升级②，由重庆制造向"重庆智造"转变。

可以说，重庆的产业转型升级，是找准抓手，运足力量，在照顾面的同时，以点为重心，推动产业朝高端化方向发展。当然，创新驱动也是重庆推动产业转型升级的一个重大举措。重庆认清楚了当前所面临的要素成本不断上涨、生态环境约束持续强化的现状，努力寻求破局之路，根据重庆产业基础，提出了以大数据智能化引领创新驱动发展。在方向确定、措施得力的情况下，重庆智能产业成为增长最快的产业。2017 年，重庆智能化产业实现销售收入超过 3 500 亿元，同比增长 30% 左右，增速快于全市规模工业产值增速 20 个百分点。在智能制造方面，当前全市规模工业企业关键工序数控化率达 43%，数字化设计工具应用率达 63%，分别高于全国 9.7 和 1.2 个百分点。统计显示，当前重庆智能产业综合实力跻身全国前 10 位，其中电子信息产业进入前 8 位，软件服务行业排第 13 位，在全国处于中上水平③。

6.3.3　云南省推进产业转型升级的实践

前两年，云南省认为，云南经济资源型特征比较突出，但并没有实现资源大省向经济强省转型，周期性和结构性原因交织使云南工业结构调整缓慢，云南工业转型升级刻不容缓。为此，从 2014 年开始，云南加快了产业转型升级。

---

①　陈新有. 加快产业转型升级　切实增强经济发展支撑能力［N］. 四川日报，2017-06-22.
②　智能制造推动重庆制造转型升级助力产业迈向中高端［EB/OL］. http://www. jc35.com/news/Detail/59775. html.
③　宋静. 投资智能产业　发现重庆产业升级新动能［EB/OL］. http://3c. cqnews. net.

一是针对云南水能和矿产资源丰富以及区位优势突出的特点，在云南电源集中地区发展清洁载能产业，充分利用"两种资源，两个市场"以及水电零排放、低电价的优势，推进多种形式的电矿结合，实现载能产业与水电产业互利互惠，使资源就地转化，延伸产业链，提高附加值。二是通过开放合作，推动产业转型升级。在国际层面，云南已建立国际区域合作机制。云南省大力推进与周边国家及其他东盟国家联系，积极参与大湄公河次区域合作，探索建立了云南—老北、云南—泰北、云南—越北等区域合作机制，有力地推动了与东盟国家的合作，并在贸易、文化、旅游等多个领域取得了实质性进展，务实参与打造中国—东盟自由贸易区升级版，拓展大湄公河次区域经济合作，推动孟中印缅经济走廊建设；中国—南亚博览会落户昆明，为云南连接印度洋和太平洋搭建了载体和平台。在国内层面，云南积极参与依托长江经济带建设中国经济新支撑带，深化与泛珠三角、长三角、环渤海地区合作，加强省际经济协作，扩大与港澳台地区交流，进一步发挥好桥头堡建设部际联席会议和部省合作机制作用。在省内层面，云南加快开放平台建设，提升南博会、昆交会、旅交会办会水平和影响力。云南充分利用好多种政策叠加以及自身良好的资源禀赋优势，加速产业转型升级，进而推动云南从资源大省向经济强省华丽转身①。

对于云南来说，旅游产业具有良好的基础，特别是对于云南丽江、腾冲、香格里拉等地来说，旅游产业都是优势产业。而发展旅游产业也是产业升级的一个重点方向。基于此，云南省提出推进全域旅游建设，通过制度探索，发展文化创意园区，弘扬民族传统文化等，提升旅游产业品质，也带动其他服务业的发展，从而推动整体产业提质增效。

6.3.4　贵州省推进产业转型升级的实践

贵州省经济历来比较薄弱，推进产业转型升级，是贵州实现经济腾飞的有力路径。贵州主要通过稳住传统产业和培育新兴产业的"两条腿走路"方式推进产业转型升级。第一，贵州通过出台一系列包括金融、市场、服务、财税、用电等环节和领域的相关政策，给予传统企业综合性支持，保证贵州经济基础发展。第二，利用后发优势，培育发展以大数据为引领的电子信息产业、医药养生产业、现代山地特色高效农业、以民族和山地为特色的文化旅游业、新型建筑建材业五大新兴产业。在大力实施大数据战略之下，贵州的大数据产

---

① 李强，邓道勇. 云南产业转型升级加速［N］. 中国经济时报，2014-08-04.

业得到了较快发展。2015年，贵州省大数据电子信息产业规模总量达到2 000亿元。第三，贵州在大力发展新兴产业的同时，也通过供给侧改革，加快淘汰落后产能，尤其是煤炭产业的去产能，一直是作为我国南方最大产煤省区和主要煤炭输出省份之一的贵州去产能的重点①。

目前，贵州作为我国首个国家大数据综合试验区，从2013年的谋划，到2014年的正式起航，直至现在，出台了一系列措施推进大数据产业发展，已经在资源、环境、政策、区位等方面积累了丰富的大数据产业发展优势，建设成为"最懂大数据的地方"，占据了大数据产业发展先机。贵州将大数据跟工业产业、农业产业如茶产业等进行融合发展，推动了这些产业的转型升级和提质增效。

① 杨成伟. 贵州：摁下产业转型升级"快进键"［N］. 新华每日电讯，2017-05-26.

7　长江经济带产业转型升级的对策框架
和政策建议

7.1　树立长江经济带产业绿色低碳循环发展的理念

　　长江经济带肩负着建设成为"生态文明先行示范带"的重任，党中央也做出了"生态优先，保护为上""不搞大开发"的发展战略，基于此，长江经济带内各省市在产业发展中，首先是要树立绿色低碳循环的产业发展理念。理念是行动的先导，有什么样的理念，就会相应作出什么样的行动。绿色发展，是长江经济带产业发展的必须方向，也是贯彻新发展理念的必然要求。

　　长江经济带产业转型升级，要在绿色发展理念之下，形成节约资源和保护环境的产业空间格局、产业结构；构建绿色循环低碳发展的产业体系、约束和激励并举的生态文明制度体系、政府企业公众共治的绿色行动体系，努力实现经济社会发展和生态环境保护协同推进，为人民群众创造良好的生产生活环境，为长江经济带的进一步发展赢得空间。基于此，长江经济带内各省市要加快转变经济发展方式，根本改变过去过多依赖物质资源消耗，过多依赖高能耗高排放产业的发展模式，把产业发展基点放在创新上，放在产业转型上，这也是当前供给侧结构性改革的主要任务和要求。一是推进产业绿色革命。包括：加快能源技术创新，大力发展清洁能源产业，努力推进水电、天然气、页岩气、风力、光伏、生物质等工程建设；发展节能环保产业，推广节能环保产品，增强光能环保工程技术能力；推动交通运输低碳发展，鼓励绿色出行；实施循环发展引领计划，推动生产生活的循环式改造等。当然，产业绿色革命的实现，要依靠科技助推，科技是实现绿色发展的重要推手。二是构建绿色产业体系。坚持绿色清洁生产，推动建立绿色低碳循环发展产业体系，促进从产品设计、生产开发到产品包装、产品分销整个产业链的绿色化。

而在绿色产业发展理念之下，长江经济带内的省市已经开始了相应的行动。比如湖北省在2017年11月10日就出台了《湖北长江经济带产业绿色发展专项规划》（以下简称《规划》）并印发全省实施。《规划》紧扣绿色发展主题，分别就产业发展面临形势、指导思想、资源环境约束、产业体系、提升竞争力、示范工程、保障措施7个方面进行阐述，形成了完整的规划。其中资源环境约束部分，以全省范围的6大资源环境因子评价为基础，结合国家、湖北省相关产业和生态环保政策，明确了特定区域的产业禁止、限制领域。这种方法的引入，是对国家主体功能区规划战略的有效贯彻落实，同时也是负面清单制的有益尝试，具有一定的创新意义。

7.2 构建推动长江经济带产业转型升级的系统性机制

7.2.1 构建"自上而下"与"自下而上"相结合的经济合作机制

新的一轮产业转型升级，放在长江经济带整体来看，不应该是无序的、再次产业同构地升级，而是有序地分工合作，推动带域内整体产业层次的提升。但是，由于长江经济带内涵括了11个省市，各个省市有自己的产业历史、产业问题和产业利益诉求，因此如果缺乏一个产业发展合作机制，产业整体的转型升级依然难以实现。基于此，有必要构建一个"自上而下"与"自下而上"相结合的产业发展合作机制，确定共同的产业发展利益点。之前京津冀和泛珠三角的发展，已经为长江经济带产业转型升级提供了这样的经验。"自上而下"的顶层设计，主要体现在党中央高层对长江经济带发展的战略思路顶层设计。这种顶层设计可以为长江经济带整体的产业转型升级提供制度框架，能够超越行政区划，具有高层权威性。顶层设计的目的在于制定规划，协调解决长江经济带内成员在各自产业转型升级中的矛盾冲突。当前，党中央提出了长江经济带"生态优先、绿色发展，把修复长江生态环境摆在压倒性位置，共抓大保护，不搞大开发"的发展战略，这就为长江经济带产业转型升级划定了框线，指明了方向。而"自下而上"的产业运行，夯实了产业转型升级的基础，能够使顶层设计的框架落在实处，确保实施的效率。

长江经济带产业转型升级的顶层设计，包括设置权威协调机构；设置高级别的决策咨询机构；构建各省市产业利益分配机制、产业生态补偿机制和产业承接转移合作机制；制定产业转型升级总体规划和产业转型升级规章制度等。通过这些制度框架的设置，来协调好长江经济带域内的省市之间的合作收益和成本分担补偿，保障各利益主体能够在产业专业化分工中获益，也通过制度构架来约束产业发展合作成员政府对产业合作的任意干预以及协同发展组织机构偏离公平原则的权力运用行为。比如对于长江经济带上游地区来说，担负着建设"长江经济带生态屏障"的历史任务，在产业选择和产业发展中，必然以生态为重，需要大力发展生态型、智能型、循环型产业，推动传统产业特别是传统制造业的绿色改造工程建设，摒弃高污染高耗能产业，建设绿色产业体系；还需要花大力气、下大功夫进行环境治理和环境保护。这不可避免地会在一定程度上影响经济发展的进度，加大经济支出。因此，若缺乏产业生态补偿机制，对于长江上游省市来说，也就显失公平了。习总书记提出建立长江上游多元化生态补偿机制，就是当前生态文明建设的题中要义。

"自下而上"的产业发展合作机制，则是构建各省市企业主体之间的经济合作机制，如信息沟通机制，技术共享机制，产业配套机制等。产业布局和发展，其主体本就是企业。企业之间的合作，更具有活力和生命力，更有利于产业发展。"自上而下"和"自下而上"的产业合作机制的构建，能够从宏观和微观上，系统性地促进长江经济带内产业转型升级。

7.2.2 构建长江经济带内上中下游地区产业分工合作机制

7.2.2.1 通盘考虑，合理分工，统筹推进长江经济带域内产业转型升级

长江经济带产业转型升级，是一种跨行政区域的大发展，必须在打破传统的区域经济思维基础上，实现产业在上中下游之间的合理分工。第一，处理好经济带内各地区工业的协调发展。工业在各省份发展中都具有较强的作用，比如四川就提出由工业大省向工业强省转化。但除了江苏、浙江的工业具有较高的专业化以及市场占有率之外，其他省份工业专业化程度并不高。如果从工业化发展阶段来看，各省市工业化程度呈现很明显的倒"U"形分布特征。长江经济带上游的省份处于倒"U"形左侧，长江中游地区省份处在倒"U"形的顶端，长江下游的江苏和浙江省处于倒"U"形右侧拐弯处，只有上海市处于后工业化阶段。这种处于工业化不同发展阶段的差异和工业在各省份的主体地位，决定了长江经济带产业转型升级中首先要考虑如何处理好各省工业协调发

展的问题，做好明确的产业分工和合作。第二，处理好各行业之间的投资关系。目前长江经济带内金融业、农林牧渔产业、建筑业、批发零售产业等都处于资本报酬递增阶段。在带域内产业分工合作安排机制中，要将这些资本递增的报酬转化为行业规模递增报酬，以此推动产业转化升级。第三，处理好因为产业结构调整而导致的行业收入差距的关系。对于长江经济带来说，经济可持续和稳定发展依然是主题，带域内各省份产业分工必须考虑经济的发展。而当前，收入差距已经成为经济发展的制约因素之一，因此各省份产业分工和合作要优先发展那些行业收入高的产业。

7.2.2.2 择优发展省域特色产业，避免带域内产业结构同质化

产业结构同质化已经是长江经济带内饱受诟病的一个问题。在长江经济带新一轮产业转型升级中，各省市应该大力发展跟本地资源和产业基础相适应的特色产业，不等于所有产业在各地全面开花，要处理好整体推进与重点突破的关系，集中各地优势资源，选择有条件、有基础的产业重点突破，尽量避免省与省之间的产业结构同质化，在长江经济带内造成恶性竞争，而要构建错位竞争，竞相突破的良好态势。长江下游的上海、江苏、浙江等省市，经济基础雄厚，经济发达，沿江靠海的区位优势明显，开放型经济特征显著，应该优先发展高新技术产业、先进制造业和现代服务业，并且有序推动传统产业向长江中上游地区转移，以进一步放大对整个长江经济带的辐射和带动效应。长江中上游地区资源条件较好，具有较大的开发利用价值，应该大力发展产业化、现代化、规模化和生态化农业，并借助长江下游地区的资金和技术优势，实现农业生产加工、销售和服务的一体化。

7.2.2.3 统筹运用梯度规律、反梯度规律和地方化开发模式

依据经济发展的梯度规律，高技术产业和新兴产业通常在长江下游高梯度地区优先布局发展，而传统产业通常布局在长江中上游低梯度地区。但是根据经济发展反梯度规律，部分高技术产业和新兴产业也同样可以在长江中上游的武汉、成都、重庆等低梯度地区的优越区域率先布局和发展。这实际上体现了点面结合的模式，也就是说，在产业转移和布局过程中，高势能的产业应该优先在高梯度地区大面积布局，也应在内陆低梯度地区的优势点上布局；低势能的产业应该优先在低梯度地区大面积布局，也应在高梯度地区点状区域布局，实现点和面的结合，以点带面，推进产业的整体升级。

与此同时，还应该充分利用各地方的资源要素禀赋和产业基础状况，发挥

各地方的能动性和积极性，推动产业体系和产业链条在地方完整构建，健康成长，提高经济活动的地方根植性，把外生动力转化为内生路径，实现地方化的发展。另外，要积极鼓励各省市之间经济技术的交流和产业合作，以交流和合作推动长江经济带产业整体水平和产业素质的提升。

7.2.3 构建"互联网"作用发挥机制，推动产业转型升级

互联网经济时代，利用"互联网+"，实现产业融合，推动产业转型升级，也是一大路径。第一，成立互联网促进转型升级的专门机构，建立推进互联网引领转型升级的协同机制。重构适应互联网经济运行的管理新体系，建议成立互联网促进产业转型升级的专门机构，负责统筹互联网促进三次产业转型升级的相关政策规划制定、实施工作。建立跨部门、跨地区、跨行业的云计算发展协同推进工作机制，加大政策制定、标准研究、产业联合、科研攻关等方面的统筹推进力度，打破各种行业性、地区性、经营性壁垒，消除"信息孤岛"。第二，打造金融、产业与科技三链融合的"创新生态链"，加大对互联网企业及"两化"融合企业的信贷支持。加快互联网科技创新资源与产业资本、金融资本的融合，建立包括种子基金、天使基金、创业投资、担保资金和政府创投引导基金等覆盖创新链条全过程的金融服务体系。鼓励设立互联网创业投资机构和产业投资基金，吸引国内外风险投资及社会资金投向互联网应用领域。鼓励和引导金融机构加大对互联网企业、"两化"融合企业自主创新、技术改造的信贷支持。创新互联网新业态企业融资服务方式，结合网络信贷平台创新"无担保、无抵押、批量化"的信用授信模式，充分利用产业投资基金，缓解融资难问题。第三，进一步完善基于互联网创新创业的硬件环境。加快城乡光纤网络建设，提升骨干传输网传输交换能力。积极发挥南京国家级互联网骨干直联点的作用，进一步拓宽宽带互联网出省中继带宽。重点推进面向新城区、开发区、产业园（区）等集聚区域信息通信基础设施升级，支持在大数据产业重点园区建设基于云计算的数据中心。加强农村、欠发达地区和公益行业光纤网络覆盖和宽带接入，提升宽带网络速度，支持公共场所提供免费无线宽带服务。以较为完善的基础设施硬环境建设，扫除基于互联网的创业障碍，降低成长成本，力争在全省掀起创业热潮，推动大众创业。四是重点培养融通互联网思维与实体经济规律的科技企业家及复合型人才。把互联网科技企业家的培育作为首要工作来抓，实施互联网经济领军人才培养计划。采取团队引进、核

心人才带动等多种方式引进互联网学科技术带头人等领军人才和复合型人才。支持建立互联网与实体产业融合、产学研用结合的实训基地，鼓励校企联合开展定制式人才培养。探索设立专业孵化器，为拥有互联网技术、创意的人才提供创业投资服务，鼓励以研发成果及创新型商业模式等无形资产入股创业。

7.3 找准产业合理布局点和发力点，推动带域内产业转型升级

7.3.1 利用产业合理布局和有序转移，推动带域内产业转型升级

政府作为有形的手，在长江经济带产业转型升级中，要引导产业合理布局和有序转移。这种有效引导的手段和工具主要是各项财政、金融政策的制定和实施。长江经济带下游地区的长三角地区要立足本地比较资源优势转型发展，利用创新驱动，发展外向型产业、现代服务业和高端产业，占领产业价值链的上端，促进产业升级，并逐渐向中西部内陆地区转移丧失比较优势的产业，发挥辐射引领作用；长江中上游地区一方面可通过科学的产业承接，提高资源配置效率，激发内生发展活力。长江经济带上中下游之间的产业存在着产业转移和产业承接之间的互动性。长江下游地区受资源约束，为了获取更大的发展空间，要逐步引导资源加工型、劳动密集型产业和以内需为主的资金、技术密集型产业向中上游地区转移；中上游地区要立足当地资源环境承载能力，以各级开发区为载体，因地制宜承接上游地区的产业，推动产业协同合作，加快本地产业的更新换代。另一方面，通过创新，构建创新平台，出台人才吸引政策，培养内陆地区产业内生发展能力。长江经济带上中下游地区要构建互动合作，融合发展的产业发展带。产业融合创新的载体是沿江地区的国家级产业园区、高新技术区、产业承接转移示范区（如安徽皖江城市带承接产业转移示范区、湖北荆州承接产业转移示范区、重庆沿江承接产业转移示范区等），推进两江新区、贵安新区、天府新区等国家新区建设，提升湘江新区发展水平，增强长江中上游地区承接产业转移的吸引力和承载力。

加快将长江经济带东部地区劳动密集型产业向中西部转移是其发展的必由之路。随着国家政策优势和地理优势的逐步消减，劳动力成本等要素价格不断攀升，长三角地区劳动密集型产业向长江经济带中上游地区的转移已经迫不得已。政府要发挥政策导向作用，推进资源依赖型产业向资源原产地集中，实现

资源的就地加工，这对帮助本区域内欠发达地区的经济长远发展具有重大而深远的意义，这对进一步开拓国内市场，逐步调整长江经济带的产业结构也是一个很好的战略选择。

在产业融合发展、协调布局中，必然涉及省市个体利益和整体利益的冲突与矛盾，因此有必要建立有利于长江经济带协同发展的利益调整机制。具体地，对部分地区特别是中上游欠发达地区的地区利益损失给予补偿，使这些地区能够享受到服从长江经济带建设整体利益所带来的好处，从而减轻产业布局调整优化过程中可能遇到的阻力。

7.3.2 找好各省市发力点，推动长江经济带产业转型升级

长江经济带各省市要抓住国家发展长江经济带的重大机遇，积极推动区域经济发展和升级。作为长江经济带和长三角的龙头，上海要积极调动和整合资源，促进本地企业和跨国公司向中西部地区的要素转移和产业转移，加强对整个长江经济带的带动和示范作用；安徽、江西、湖北、湖南，为长江经济带中游主体，面临着最大的发展机会，要抓住机遇趁势崛起；重庆和四川要以成渝经济区和城市群为主体和依托，加快发展速度；贵州和云南要借助长三角、长江中游、成渝等经济区（圈）的产业、人才、资本等优势，加大招商引资力度，推动经济的转型升级。

发展长江经济带，要实现上中下游优势互补，促进东中西部协调发展，多措并举，协同共进；要打破条块分割及行政区域的局限，破除地方保护主义，推进长江流域统一、开放、竞争、有序的市场体系深化发展；要强化区域间的分工协作，提高资源配置效率，充分利用不同区域的优势，优化长江经济带的产业布局；要加快推进基础设施的一体化，加强经济带的交通网络建设，为推动区域间的发展联动提供基础性条件。

形成梯度产业布局。第一，在长江上游地区布局电子、医药、建材业、纺织、电器等劳动密集型产业。轻重工业要加强环保管理和控制。目前，长江上游地区已经形成了较为发达的轻重工业布局，化纤、纺织、机械、电子、钢铁、有色冶金等工业在全国占有重要地位。第二，在长江中下游布局高新技术产业发展区。形成以电子通信、生物医药、新材料等高新技术产业的重要基地，以微电子、光纤通信、生物工程、海洋工程、新材料等为代表的高新技术产业居全国领先地位。第三，在长江经济带下游布局外向型产业区。上海、江

苏、浙江历来对外贸易依存度高，建立外向型产业区已经具有了相当基础。

7.4 加大改革开放和创新驱动力度，推动带域内产业转型升级

7.4.1 加大改革开放力度，促进长江经济带产业转型升级

开放合作，对于产业转型升级，具有事半功倍的效果。产业在借鉴中成长，在合作中提升效能，在承接中实现升级。长江经济带11省市都要加大开放，特别是对于云贵川渝等欠发达地区来说，更需要构建全面开放大格局，以开放促进产业转型升级。一是建设渝昆新国际大通道，即重庆—昆明—新加坡大通道，在重庆建设面向新加坡、东南亚和南亚的物流保税区，并开通重庆直达新加坡的公路货运班车；二是鉴于云南正在举全省之力建设水富港，建议整治重庆至四川宜宾和云南水富港的长江航道，使其能通过千吨级轮船，并着手规划宜宾到攀枝花的航道，以便更好发挥长江黄金水道作用，使"南丝绸之路"与长江黄金水道联结起来，同时建设"四川南充—四川广安—重庆大足—重庆永川"+"四川泸州—贵州习水—贵州六盘水"的南北向铁路，促进成渝经济区内部经济联系以及重庆与贵州、云南的经济交往，使长江黄金水道发挥沟通南北的作用；三是将重庆和四川纳入中国—东盟自由贸易区中国代表团成员，组织重庆和四川参加一年一度的中国—东盟贸易访谈会，并在重庆举办中国—东盟自由贸易区发展高层论坛和经贸洽谈会。

7.4.2 以创新驱动，促进长江经济带产业转型升级

创新是产业转型升级强劲的动力和抓手。2016年3月2日，国家发展改革委、科技部、工业和信息化部三部委为落实《国务院关于依托黄金水道推动长江经济带发展的指导意见》（国发〔2014〕39号），联合出台了《长江经济带创新驱动产业转型升级方案》（以下简称《方案》），提出以创新驱动促进产业转型升级是长江经济带实现经济提质增效和绿色发展的重要任务①。在《方案》里，三部委提出了创新驱动产业转型升级的重要任务，包括：一要通过完善区域创新体系、推动产业技术创新平台建设、加快科技创新成果转移转

---

① 科技部官网. 关于印发《长江经济带创新驱动产业转型升级方案》的通知 [EB/OL]. http://www.most.gov.cn.

化、激发社会创新创业活力等来增强区域创新能力；二要通过大力发展战略性新兴产业、加快改造提升传统产业、积极夯实信息化发展基础来打造工业新优势；三要通过重点发展高技术服务业和科技服务业、优先发展生产性服务业、大力发展生活性服务业来壮大现代服务业；四要通过推进农村一二三产业融合发展、加快农村信息化建设、完善现代农业服务体系来促进农业现代化；五要通过推动产业协同发展、培育世界级产业集群来优化产业布局。

根据《方案》，建议长江经济带域内各省市在增加科技投入、拓宽科技金融渠道的同时，紧紧立足本地产业特点和企业需求，促进新技术、新理念、新产品的渗透。面向全国乃至全球，推进创新要素的集聚和跨区域互动，完善产学研的利益机制，实现企业、高校和科研部门的网络化合作。配合国家战略、加强关键技术、核心技术和基础研发。强化产业集群、科技园区、专业镇等创新载体建设，鼓励公共服务平台探索新的发展模式，促进产业链的协同创新，提高科技成果转化水平。

一是各省市要高度重视商业模式创新。商业模式创新是产业创新的一个重要构成，专家认为作为一种新的创新形态，商业模式创新的重要性不亚于技术创新。西门子创始人维尔纳·冯·西门子之所以领先于同时代的竞争者，一个决定性的因素是，他不仅是个技术员、发明家，还具有很高的商业天赋。尤其是随着近十年来互联网在商业中的普及应用，商业模式创新对于产业转型升级的作用日益重要。1998 年后，美国政府开始对一些商业模式创新授予专利，给予积极的鼓励与保护。调研中，不少企业反映自身经济实力有限，研发风险大，不可能投入很多钱搞研发，现在还要面对生存的问题。

二是各省市要把握当前产业发展趋势，积极发展现代服务业和高技术产业。各省市要把握当前产业发展智能化、服务化（IBM 目前大约有 55% 的收入来自 IT 服务，ROLLS-ROYCE 公司民用发动机订单有 80% 含有服务协议，服务收入达到总收入的 55% 以上）、精益化、融合化、绿色化、全球化的趋势，鼓励企业大胆创新商业模式，加强信息化在生产、经营、管理、营销中的应用，发展电子商务（2001 年美国 18% 的制造业产品的发送是通过电子商务方式进行的，美的作为我国小家电的龙头企业，年销售超过 1 000 亿元，通过电子商务方式销售不足 1%），推动传统专业市场转向现代商贸物流、现金现货交易转向网上交易，积极探索合同能源管理等服务新模式，强化精益管理，优化流程管理，提高资源配置绩效。

三是各省市要顺应全球新一轮科技革命和产业变革趋势，推动沿江产业由要素驱动向创新驱动转变。重点包括：强化企业的科技创新主体地位，引导创新资源向企业集聚，培育若干领军企业；设立新兴产业创业投资基金，激发科技型中小企业创新活力；布局一批国家工程中心（实验室）、企业技术中心，促进原始技术创新、集成创新、引进消化吸收再创新；积极发展产业技术创新战略联盟、探索建立产业技术研究院等新型科研机构，深化产学研合作；推动设立知识产权法院，健全知识产权法律保护体制机制等。

积极推进上海张江自主创新示范区、苏南自主创新示范区、合芜蚌（合肥、芜湖、蚌埠）自主创新综合试验区、武汉东湖自主创新示范区、长株潭自主创新示范区等国家自主创新示范区建设，积极谋划重庆、成都自主创新示范区建设，推进攀西战略资源创新开发，发挥上述示范区的引领示范作用，提高产业自主创新能力和可持续发展能力。

7.5 打造产业一体化和产业集群，推动长江经济带产业转型升级

7.5.1 加快长江经济带区域一体化进程

作为一个不可分割的有机整体，对于长江经济带，我们要纵览全局，打破行政界限，对整个区域进行全面而综合的开发。长江流域经济发展水平有较大差距，要促进其整体经济的协调、发展，打破行政界限，首要的任务是进行整体规划。首先，必须推进长三角城市带的一体化进程。目前，长江三角洲区域内交通枢纽和基础设施的建设使该区域城镇群的联系日益紧密。其次，是建设"华中三角"，不断促进其一体化。我国新的区域增长极，即武汉、长沙、南昌组成的"华中三角"已经显现。

加快这一区域增长极的形成，完善我国区域经济的空间布局，是新世纪我国区域宏观布局战略中的一个重要措施。最后，推进"一心多极"空间结构的形成。

7.5.2 打造产业集群，构建长江经济带产业转型升级的平台

我们必须实施产业结构优化升级以及从东向西转移并行发展的伟大战略。要不断地打破地域限制，按照国务院区域协调发展要求进行规划，有效提高经

济带中企业的科技创新能力，走新型工业化道路。

在沿江地区布局一批战略性新兴产业集聚区、国家高技术产业基地和国家新型工业化产业示范基地，推动沿江国家级开发区、省级开发区产业集聚化、集群化发展。选择具备条件的开发区开展城市功能区转型试点，引导产业和城市同步融合发展，促进生产性服务业与制造业融合发展，提高开发区转型发展水平。以沿江国家级、省级开发区为载体，积极实施"工业4.0"发展战略，促进信息化和新型工业化深度融合发展。以沿江国家级、省级开发区与高新区为载体，围绕培育发展战略性新兴产业，积极推动创新型产业集群发展。

发挥市场配置资源的决定性作用，发展壮大市场主体，以大型企业为骨干，突破关键技术，培育知名自主品牌，提高产品的国际市场占有率，重点促进沿江电子信息产业、高端装备制造业、汽车产业、家电产业、纺织服装产业等发展壮大成为具有国际先进水平的世界级制造业集群。

7.6 建立推动长江经济带产业转型升级的保障体系

7.6.1 设立权威机构，统筹长江经济带产业布局

由于长江经济带建设涉及多个省市，牵扯到经济建设和社会发展的整体格局，因此，需由中央出面建立一个具有实质性、权威性的统一协调管理机构，统筹制定流域发展的整体规划。虽然《长江经济带发展规划纲要》已经指出，"长江经济带发展领导小组统一指导和统筹协调长江经济带发展战略实施，协调跨地区跨部门重大事项，督促检查重要工作的落实情况"，但显然这个领导小组的实权性并不强，还需要成立一个层次更高、权威性更强，具有实质性权力的机构来统筹整个长江经济带的整体规划。

7.6.2 完善制度，构建产业发展的共建与补偿机制

长三角、长江中游城市群和成渝经济区三个"板块"的产业布局具有梯度差异性，为产业合理分工与协调互补布局发展提供了可能性。要进一步深化长江经济带的产业布局规划，尽早研究并出台长江经济带发展总体规划、分区域功能布局规划，发布分区域投资指南和产业发展指导目录。从国家重点产业布局"一盘棋"角度考虑整合流域产业布局与梯度转移，立足于自身的比较优势展开更高层次的分工合作。如对于国家级石化、高端装备制造、航空航天

制造、新能源、新一代信息技术等战略性产业，应从长江流域整体考虑布局整装基地和配套基地，推进下游部分失去比较优势的产业有序向中游和上游地区转移，国家应从财税补贴、土地指标供给，给予退出地区和承接地区双向支持，以促成产业合作链条在长江流域更广泛范围内展开。又如重庆港作为长江上游地区最大的内河港口，应作为云贵川渝等西南四省统一的对外集疏运货物港口，考虑由中央企业和西南四省市共同出资，组成统一的内河港口投资运营公司共同投资建设与经营管理，引导上游沿江城市的货物在重庆集中转运，以化解上游各城市港口重复投资建设。实施主体功能区战略，根据各地资源禀赋明确区域发展的不同定位，使区域既有发展，也有保护，对因区域统一分工而居于配角或因生态保护和水源涵养而限制发展的地区，要通过财政转移支付，在资金、技术、人才和政策上给予充分支持。

7.6.3 加大资源整合力度，避免网络重复建设和资源浪费

各级政府要正确引导生产力布局的合理调整。要按照区位优势与资源优势布局新的产业，并据此进行产业空间结构调整，引导产业园区向中心城市集聚，形成规模产业和产业集聚。在调整过程中，要充分考虑到长江中游经济带的承东启西的功能定位及在全国的战略地位。按照相对比较优势进行产业定位。要根据本区域在整个经济区的区位、资源优势来确定自身适合发展什么产业，不适合发展什么产业。要切实加强区域内产业的分工与协作，避免不必要的重复建设。加大同类别企业的重组力度，依托龙头企业引领产业经济发展。要通过兼并、破产、收购等方式，实现经济带区域优势企业的强强联合，依托龙头企业领导区域内的产业经济发展。

7.6.4 加强环境保护与治理，体现产业转型升级的内涵支撑

环境保护与生态治理是长江经济带实现可持续发展的基础。我们要高度重视产业集群过程中的生态环境，避免环境的持续恶化。绝不能走先污染后治理的老路。政府要通过政策干预与导向，影响企业的选址以及所进入的行业，有效地控制环境恶化。通过制定环保政策，限制甚至禁止污染型企业在长江岸线沿线落户，并迫使那些不利于环境保护的企业进行污染处理或迁出长江沿线，确保长江沿线生态环境，达到党中央提出的"生态优先，绿色发展"的战略目标。

沿江各主要城市要从战略的层面上加强彼此在环保方面的合作，特别是从产业结构优化的层面上实现协调发展，实现长江经济带经济发展方式的转变。

7.6.5 建设综合交通运输网络，为产业转型升级提供交通支撑

产业发展，交通是要点。长江经济带要充分发挥长江"黄金水道"的作用，加强铁路、公路、航空等交通方式建设，实现水陆联动，完善综合交通运输网络。一是进一步挖掘长江"黄金水道"的潜力。加快推进长江干线航道系统治理，增强干线航运能力，改善长江支流通航条件，优化航运中心和港口布局，形成水运网络体系。积极推进长江大通关体系建设，解决长江水路转关运输中跨关运输货物的中运换装次数多、监管时间长的问题。二是要加强客运铁路建设。推进各中心城市之间高速铁路与客运专线建设，加快各城市群内部轨道交通建设，构筑长江经济带快速铁路客运网络化体系。三是要注重货运铁路建设。加大发展高速货运铁路，建设沿长江贯穿各中心城市的高速电气化货运铁路。四是营造"两翼齐飞"的对外开放格局。提升上海、宁波等重要海港与长江经济带内部以及国际临近港口的合作水平；加强铁路、公路与云南各口岸的对接，打通连接东南亚的大通道①。

7.6.6 理顺政府和市场关系，发挥市场主导与政府引导的协同作用

在长江经济带建设中，要顺应经济发展规律，尊重、培育、优化并充分利用市场机制，构建包括劳动力市场、能源原材料市场、资本金融市场、技术信息市场等在内的经济带统一大市场体系，发挥市场在地区间要素流动和资源配置中的主导作用。同时，为防止"市场失灵"，应积极发挥政府在长江经济带社会经济发展中的导向性作用，通过一系列政策措施的制定实施，调控完善市场，优化资源配置，促进基础设施统筹建设和维护、产业体系构建和转移、人口集聚和城镇化、公共服务和社会保障跨地区一体化。在市场与政府的关系中，要遵从市场的主体和主导作用，完善政府的辅助和服务作用，寻求最大限度发挥市场主导与政府引导的结合点，促进地区协调发展。

---

① 念沛豪. 推进长江经济带产业转型升级的五点建议［EB/OL］. http：//finance. jrj. com. cn.

参考文献

[1] 张平. 中国区域产业结构演进与优化 [M]. 武汉：武汉大学出版社，2005.

[2] 王岳平，等. "十二五"时期中国产业结构调整研究 [M]. 北京：中国计划出版社，2011.

[3] 吴进红. 开放经济与产业结构升级 [M]. 北京：社会科学文献出版社，2007.

[4] 毛琳. 关于长江经济带研究的文献综述 [J]. 现代经济信息，2014（11）：444-445.

[5] 鞠立新. 略论长江经济带的崛起与跨区域协调机制创新 [J]. 上海商学院学报，2015（1）：24-32.

[6] 陈才. 区域经济地理学 [M]. 北京：科学出版社，2001：49-69.

[7] 方甲. 产业结构问题研究 [M]. 北京：中国人民大学出版社，1997.

[8] 王林梅，邓玲. 我国产业结构优化升级的实证研究——以长江经济带为例 [J]. 经济问题，2015（05）：39-43.

[9] 中国经济体制改革研究所赴日考察团. 日本模式的启示 [M]. 成都：四川人民出版社，1988：153.

[10] 王双进，路剑. 产业经济学 [M]. 北京：电子工业出版社，2013：131-134.

[11] 俞天任. 为什么战后日本奇迹应归功于日本官僚 [J]. 思想理论动态参阅，2012（45）.

[12] 熊伟. 长江经济带产业转移问题研究 [D]. 武汉：中国地质大学，2015.

［13］任胜钢，袁宝龙．长江经济带产业绿色发展的动力找寻［J］．改革，2016（07）：55-64.

［14］黄庆华，周志波，刘晗．长江经济带产业结构演变及政策取向［J］．经济理论与经济管理，2014（06）：92-101.

［15］陆大道．建设经济带是经济发展布局的最佳选择——长江经济带经济发展的巨大潜力［J］．地理科学，2014（07）：769-772.

［16］彭劲松．长江经济带区域协调发展的体制机制［J］．改革，2014（06）：36-38.

［17］方大春，孙明月．长江经济带核心城市影响力研究［J］．经济地理，2015（01）：76-81，20.

［18］朱晓霞，郝佳佳．中国制造业产业升级路径选择研究——以长江经济带为例［J］．科技进步与对策，2015（07）：69-73.

［19］徐丽梅．长江经济带产业转型的国际镜鉴［J］．改革，2015（08）：68-76.

［20］徐长乐，徐廷廷，孟越男．长江经济带产业分工合作现状、问题及发展对策［J］．长江流域资源与环境，2015（10）：1 633-1 638.

［21］孙威，李文会，林晓娜，等．长江经济带分地市承接产业转移能力研究［J］．地理科学进展，2015（11）：1 470-1 478.

［22］樊杰，王亚飞，陈东，等．长江经济带国土空间开发结构解析［J］．地理科学进展，2015（11）：1 336-1 344.

［23］刘毅，周成虎，王传胜，等．长江经济带建设的若干问题与建议［J］．地理科学进展，2015（11）：1 345-1 355.

［24］杨桂山，徐昔保，李平星．长江经济带绿色生态廊道建设研究［J］．地理科学进展，2015（11）：1 356-1 367.

［25］虞孝感，王磊，杨清可，等．长江经济带战略的背景及创新发展的地理学解读［J］．地理科学进展，2015，11：1 368-1 376.

［26］陈雯，孙伟，吴加伟，等．长江经济带开发与保护空间格局构建及其分析路径［J］．地理科学进展，2015（11）：1 388-1 397.

［27］方创琳，周成虎，王振波．长江经济带城市群可持续发展战略问题与分级梯度发展重点［J］．地理科学进展，2015（11）：1 398-1 408.

［28］吴传清，龚晨．长江经济带沿线省市的工业集聚水平测度［J］．改

革，2015（10）：71-81.

　　［29］卢丽文，宋德勇，李小帆. 长江经济带城市发展绿色效率研究 ［J］. 中国人口·资源与环境，2016（06）：35-42.

　　［30］张鹏远. 江苏利用外资面临的问题与形势 ［N］. 群众决策咨询，2016-10-08.

　　［31］严伟明. 六大产业集群构筑上海工业格局 ［N］. 中国工业报，2016-11-24.

　　［32］黄奇帆. 金融业已发展成为重庆的支柱产业 ［EB/OL］. http：//www. huaxia. com.

　　［33］朱剑红. 长江经济带将打造三大增长极 ［N］. 人民日报，2016-09-12.

　　［34］李志勇. 长江经济带将成转型升级引擎　2020 年 GDP 将占全国43% ［N］. 经济参考报，2016-03-10.

　　［35］王国平. 产业升级规律与中国特色的产业升级道路 ［N］. 上海行政学院学报，2013-01-10.

　　［36］陈清泰. 实现产业链升级是产业结构最紧迫任务 ［EB/OL］. http：//finance. qq. com.

　　［37］王奕男. 江苏外资企业转型升级步伐加快第三产业占比已升至43.5% ［EB/OL］. http：//news. jschina. com. cn.